Pe. WILLIAM ALVES BRINI
e MARIA APARECIDA VIEIRA

Jesus é 10!
Jogos e atividades recreativas para a catequese

EDITORA
SANTUÁRIO

COPIDESQUE: Elizabeth dos Santos Reis
DIAGRAMAÇÃO: Juliano de Sousa Cervelin
CAPA: Bruno Olivoto

Dados Internacionais de Catalogação na Publicação (CIP)
(Câmara Brasileira do Livro, SP, Brasil)

Brini, William Alves
   Jesus é 10!: Jogos e atividades recreativas para a catequese / William Alves Brini, Maria Aparecida Vieira. — Aparecida, SP: Editora Santuário, 2004.

   Obra em 2v.
   ISBN 85-7200-791-1 (livro 1)
   ISBN 85-7200-792-X (livro 2)
   ISBN 85-7200-968-X

   1. Catequese - Igreja Católica 2. Jogos. 3. Atividades recreativas. I. Vieira, Maria Aparecida. III. Título. IV. Série.

01-6147   CDD-264.36

Índices para catálogo sistemático:

1. Catequese bíblica: Primeira Eucaristia:
   Cristianismo 264.36
2. Primeira Eucaristia: Catequese bíblica:
   Cristianismo 264.36

7ª impressão

Todos os direitos reservados à EDITORA SANTUÁRIO – 2017

Rua Pe. Claro Monteiro, 342 – 12570-000 – Aparecida-SP
Tel: 12 3104-2000 – Televendas: 0800 - 16 00 04
www.editorasantuario.com.br
vendas@editorasantuario.com.br

APRESENTAÇÃO

É para mim motivo de muita alegria poder inserir no preâmbulo desta excelente obra uma mensagem de congratulações a seus autores.

Padre William, grande mestre, estudioso, pesquisador e, sobretudo, observador da realidade, com grande experiência no desenvolvimento da catequese, e Maria Aparecida, estudiosa da Pedagogia do Ensino Religioso, com experiência real na área, ambos foram iluminados pelo Espírito Santo na elaboração deste livro "Jesus é 10! Jogos e atividades recreativas para a catequese".

Digo iluminados porque ao desfolhar suas páginas e apreciar seu conteúdo pude constatar, sem receio de controvérsias, a riqueza das atividades propostas "em forma de jogos", que irá positivamente contribuir para a formação biopsicossocial dos catequizandos. Por meio desta obra será possível oferecer aos catequistas um valioso instrumento para o desenvolvimento de seus programas em nível paroquial.

Estabelecendo uma sintonia perfeita entre o catequista, a mensagem e o catequizando, os jogos lúdicos foram incluídos como uma saudável e motivadora alternativa de levar às crianças a mensagem do Evangelho, tendo como alvo principal o conhecimento de Deus, sua mensagem, sua Igreja.

Ora, qual a criança que não gosta de jogar? Fora de dúvidas, os jogos informais ao "ar livre" são imprescindíveis na vida das crianças.

Oh! Que saudades de minha infância, quando brincávamos de pique, de pegar ou esconder, de jogar bola na rua, de minha direita está vaga, pente-altas, brincadeiras de roda e outras... As ruas e os quintais eram nossos.

Com esta iniciativa os leitores viverão momentos prazerosos e alegres, rememorando o passado, os bons tempos, as tardes felizes de sua infância.

Evidencio que, acima de tudo, colocando em prática este precioso livro, estarão utilizando uma motivadora estratégia que levará os catequizandos ao encontro com o Cristo, fonte de aprendizagem, conduzindo-os ao amor do Pai e do Espírito Santo, fazendo-os participar da vida da Santíssima Trindade.

Na primeira parte os catequistas encontrarão clara exposição de sua missão de caminhar com as crianças no conhecimento da "História de Jesus", de sua vida e de sua Igreja. Vale dizer que ao ler essa parte os catequistas compreenderão claramente a valiosa missão de lançar a semente da Palavra de Deus em terreno fértil.

Na segunda parte, a abordagem do biopsicossocial é muito clara e compreensível. Ao estudá-la atentamente, os catequistas ficarão ansiosos para colocar em prática o sugerido. Mil perguntas virão à tona infalivelmente: que jogos usar? Como inseri-los nas aulas? e outras mais, levando ao enriquecimento. E uma bela sequência que se desencadeia na programação das aulas, pois, sem compreender o Bio (corpo), Psico (mente) e Social (ambiente), não será possível aplicar os jogos de forma motivadora e produtiva.

No capítulo "Catequese e Jogos" serão elucidadas todas as dúvidas que surgirem sobre a aplicabilidade e os resultados dessa integração. Os exemplos dos jogos agrupados por objetivos a serem atingidos (biopsicossocial) estão claramente exemplificados, "o como e o onde" estão bem claros.

Vale dizer que, não apenas os catequistas terão um valioso recurso pedagógico para auxiliar e nortear melhor o trabalho de catequese, mas todos aqueles que estão ligados ao ensino infantil nas escolas.

Congratulo-me com padre William e Maria Aparecida pela edição de "Jesus é 10! Jogos e atividades recreativas para a catequese" que, brevemente, estará sendo oferecida às Paróquias de todo o Brasil, suprindo assim grande lacuna existente no ensino da Catequese.

Auguro-lhes todo o sucesso no lançamento de tão preciosa obra.

Prof. Maurício Guimarães
Licenciado em E.F. pela UFMG

SUMÁRIO

Apresentação 3
Introdução 7
Tema 1: A recreação 17
Tema 2: A catequese 27
Tema 3: A recreação e a catequese 33
Tema 4: A importância da observação 39
Tema 5: Alguns cuidados necessários 47
Tema 6: Os jogos 55
Tema 7: Considerações finais 93
Bibliografia 97

INTRODUÇÃO

> "A finalidade definitiva da catequese é: Levar à comunhão com Jesus Cristo: só ele pode conduzir ao amor do Pai no Espírito e fazer-nos participar da vida da Santíssima Trindade."
>
> *(Catecismo da Igreja Católica, 426)*

Sempre que pensamos na catequese, três elementos importantes do processo surgem de imediato: **o catequista, a mensagem e o catequizando**. Vamos conversar um pouco sobre cada um deles...

1. O catequista

Ao longo da história, o serviço prestado pelo catequista na Igreja foi tido em alta conta. Hoje, mais que nunca, procura-se ressaltar sua importância. A Igreja se preocupa com a semente da Palavra de Deus (a mensagem) e com o terreno que recebe essa semente (a pessoa do catequizando), o que a leva a preocupar-se igualmente com o semeador da semente da Palavra de Deus, isto é, com a comunidade catequizadora e, dentro dela, com a pessoa e o grupo de catequistas *(Estudos da CNBB, 59. Formação de catequistas, 4).*

O catequista não age sozinho. Ele trabalha na Igreja e é seu porta-voz. Para se falar em nome da Igreja é necessário que se tenha certo preparo, para não inventar coisas que Jesus nunca disse ou apresentar como doutrina da Igreja o que é apenas uma opinião pessoal...

"O catequista é um enviado. Sua missão possui duplo sentido: é enviado por Deus, constituído ministro da Palavra pelo poder do Espírito Santo e é enviado pela comunidade, pois é em seu nome que ele fala. Integrado na comunidade, conhece bem sua história e suas aspirações, sabe animar e coordenar a participação de todos. O sentido do envio é importante para a perseverança do catequista" *(Formação de catequistas, 46)*.

A pequena comunidade onde acontece a catequese é, para o catequizando, a face visível da Igreja maior. Essa comunidade fala por seu modo de ser, por sua maneira de viver os valores do Reino.

Quando os dois discípulos de João começaram a seguir Jesus (Jo 1,35-42) quiseram saber onde ele morava. Em outras palavras: quiseram ver como ele vivia para descobrir se valia a pena acreditar no que tinham ouvido. Jesus lhes disse: "Venham e vejam".

Eles foram, viram, convenceram-se, ficaram e chamaram outros.

A comunidade catequizadora comunica-se principalmente por meio desse "venham e vejam".

Toda a comunidade é catequizadora. Isso quer dizer que é tarefa e missão da comunidade eclesial cuidar da formação cristã de seus membros. É a comunidade que dá origem ao processo catequético. É dentro da própria comunidade que esse processo se desenvolve. A comunidade é o lugar próprio da catequese. A meta do processo é a construção da comunidade, a formação de seus membros como elementos responsáveis, verdadeiras testemunhas de fé.

Assim, a comunidade anunciará também a Palavra de Deus além de suas fronteiras, penetrará no mundo mediante seus membros, anunciando, testemunhando e construindo o Reino de Deus *(Formação de catequistas, 13).*

É vindo e vendo como vive a comunidade que os outros terão (ou não) vontade de seguir Jesus e ser Igreja.

Catequista não é dono da verdade nem dono do saber. Tampouco será um mero reprodutor do sistema escolar de ensino-aprendizagem! (Há catequistas que dão prova para ver se o catequizando "sabe", para assim poder "passar" e receber o sacramento.)

E ele(a) não confundirá **encontros de catequese** com **aula de catecismo**. Ainda que seus encontros possam estar acontecendo dentro de uma escola, nas salas de aula.

A palavra catequese, na maioria dos lugares, continua sendo usada apenas para o grupo que se prepara para os sacramentos. Quando se fala em catequese, quase todo o mundo pensa logo em preparação para a primeira comunhão e a crisma. No primeiro caso, é frequente um estilo escolar ultrapassado. Muitas vezes a aula muda de nome: passa a ser chamada de "encontro"; mas nem sempre isso significa que houve de fato uma mudança de métodos e objetivos. Quem vai por aí considera que está valorizando a doutrina da Igreja. Na verdade a própria doutrina perde bastante de seu verdadeiro sentido quando é encarada como algo que se tem de aprender só para vencer a barreira que é colocada à recepção do sacramento. (...) O sacramento acaba funcionando como uma espécie de "festa de formatura" *(Estudos da CNBB, 73. Catequese para um mundo em mudança, 18).*

Como vamos caracterizar melhor nossa catequese?

Será compromisso inadiável do catequista **preparar-se**. Participar das reuniões, dos planejamentos e das avaliações do processo catequético, dos encontros formativos que as paróquias e dioceses promovem: o catequista estuda e reflete; dedica tempo para conhecer sua fé; dedica tempo à oração; atualiza-se com cursos e seminários para catequistas.

> "Aquele que é chamado a 'ensinar o Cristo' deve portanto primeiro procurar 'este ganho supereminente que é o conhecimento de Cristo'; é preciso 'aceitar perder tudo... a fim de ganhar a Cristo e ser achado nele', e de 'conhecer o poder de sua Ressurreição e a participação em seus sofrimentos, conformando-me com ele em sua Morte, para ver se alcanço a ressurreição de entre os mortos'" *(Fl 3,8-11)*. *(CIC, 428)*

O catequista como comunicador

Estar com a verdade e contar com o Espírito Santo não pode continuar sendo desculpa para um trabalho precário, improvisado e em conflito com os princípios básicos da comunicação. O catequista precisa conhecer com razoável segurança o que vai anunciar, mas precisa também estar afinado com seu mundo para evitar os bloqueios que podem ameaçar a transmissão da mensagem *(Estudos da CNBB. Catequese para um mundo em mudança, 43)*.

> 1. O que mais chamou sua atenção? Comente.
> 2. Comente, dando exemplos, a frase: "É vindo e vendo como vive a comunidade que os outros terão (ou não) vontade de seguir Jesus e ser Igreja".

2. A mensagem

Novos catequistas

Catequese na cidade precisa de gente capaz de se preparar, disposta a aprender sempre mais, para dar um testemunho convincente da fé. Não basta a boa vontade, é preciso uma atualização dinâmica que inclui leitura de jornais, cursos, assistir aos noticiosos, saber o que se passa na cidade e no mundo, ser capaz de usar a linguagem e os recursos da cidade. Mas requer também uma grande intimidade com a palavra de Deus, com a doutrina e a reflexão da Igreja, conhecendo os documentos mais importantes que visam orientar a pastoral. É claro que isso é mais fácil de dizer do que de fazer, mas sem levar a sério a formação não se avança e só se fabricam problemas (*Catequese para um mundo em mudança, 38*).

A comunicação com o homem moderno exige também estar por dentro de seu universo cultural; saber o que sai no jornal, o que acontece na novela e no programa humorístico da TV, o que se diz na canção de sucesso, nas histórias em quadrinhos, no filme que recebeu o Oscar, o que se passa nos locais de trabalho, no mundo da arte...

Temos de estar como **"homens da Igreja no coração do mundo"** e **"homens do mundo no coração da Igreja"**.

Usar a linguagem do mundo moderno para 'vestir' a mensagem evangélica tem basicamente dois efeitos:

1. Faz o pessoal se ligar no que está sendo dito.
2. *(e mais importante)* Faz uma ligação automática entre o que se diz na Igreja e o que acontece na vida; acostuma o catequizando a ler no jornal, na arte, nos fatos, sinais de construção ou ausência do Reino, com espírito crítico.

Fazendo isso certamente vamos descobrir também que nem tudo o que acontece fora da Igreja é tão negativo quanto parece. Vamos descobrir ateus que rejeitaram, não o Deus verdadeiro, mas a caricatura de Deus que lhes foi oferecida. Vamos perceber que as angústias retratadas nas charges políticas, nas canções debochadas de certos conjuntos de rock, em poemas e romances de literatura comum, nas peças de teatro... são frequentemente gritos disfarçados de socorro para problemas que só podem ser resolvidos de fato com a vivência autêntica dos valores evangélicos.

Não se pode evangelizar os homens e seu mundo sem amá-los, sem interesse apaixonado por suas conquistas, encontros e desencontros, sem acreditar neles, apesar de tudo.

> Nesse panorama, é necessário que a catequese descubra novas formas de apresentar a mensagem e inclua novos conteúdos e novas maneiras de se relacionar com as pessoas. É necessário criar bons materiais catequéticos para ajuda na transmissão da mensagem, usando de forma competente e interessante o rádio, os vídeos etc. Para tanto se necessita de adequada formação nessa área, com o correspondente investimento de recursos e pessoas. Mas isso não é tudo(...) *(Catequese para um mundo em mudança, 26).*

"É desse conhecimento amoroso de Cristo que jorra o desejo de anunciá-lo, de 'evangelizar', e de levar outros ao 'sim' da fé em Jesus Cristo. Mas ao mesmo tempo se faz sentir a necessidade de conhecer cada vez melhor esta fé" *(CIC, 429).*

> 1. Destacar e comentar o que mais chamou sua atenção.
> 2. Quais são os recursos que nós utilizamos em nossos encontros de catequese? Eles são eficientes?
> 3. Sabemos aproveitar na catequese a realidade do mundo que nos rodeia?

3. O catequizando

Criança, jovem ou adulto, o catequizando tem o que dizer no processo catequético. Há, portanto, necessidade do diálogo.

> VOCÊ DIALOGA COM SEUS CATEQUIZANDOS?

Existe um falso diálogo: não perguntamos para ouvir a experiência do outro; perguntamos para induzir o outro a dar a resposta que programamos. Esse é um tipo de dominação que impede que a troca seja leal e verdadeira. Uma catequese assim realmente vai perder terreno, e muito, para os filmes, jornais, revistas, músicas, livros, jogos eletrônicos, shows e áreas de lazer, shoppings, clubes, realidades que não sabemos usar em proveito da catequese.

Nosso catequizando não é **linguiça**! Não vamos ficar "embutindo" – via audição sobretudo – o que nós achamos que é necessário para o catequizando, sem nos preocuparmos sobre como foi a assimilação por parte dele, e nem se aquilo que achamos importante é importante de fato! E nos esquecemos que eles também têm o que dizer; eles têm uma experiência!

Se queremos cristãos ativos e transformadores, temos de admitir e incentivar que sejam ativos e transformadores já na catequese.

Precisamos aprender a observar as reações de nossas crianças e adolescentes: expressão do rosto, reação diante das atividades do grupo, seus protestos e resistências. Eles comunicam até pelas ausências...

> QUAL A CONCLUSÃO QUE TIRAMOS QUANDO UM CATEQUIZANDO NÃO VEM MAIS AOS ENCONTROS?

O destinatário de nossa catequese tem uma história de vida que precisa ser conhecida. Isso é importante não só porque esse conhecimento nos permite dar nosso recado com mais eficiência, mas também porque nessa experiência de vida do outro, Deus se fez presente e tem algo a nos ensinar... **e o catequizando é sujeito, é o protagonista, de sua educação na fé!**

Ele(a) tem uma experiência, uma história pessoal, ele(a) tem algo a dizer... sobre o mundo, sobre a vida, sobre ele(a) mesmo(a), sobre os problemas, sobre Deus, sobre a Igreja, sobre a catequese... é importante que conheçamos essa opinião e essa história pessoal. Como fazer isso? Vamos permitir que nosso catequizando faça, fale, se expresse, com confiança. Vamos incentivar sua participação e autonomia; vamos exercitar sua capacidade de imaginar, de criar, de se envolver efetiva e afetivamente... Tudo isso torna-se mais fácil com os jogos e atividades recreativas, que são uma forma de propor valores morais de forma convincente.

E tendo em mente esse propósito **vamos visitar as famílias de nossos catequizandos,** para conhecê-los melhor e assim nos ajudarmos mutuamente.

> 1. Comente o que mais chamou sua atenção, justificando sua resposta.

2. De que você tem medo em se tratando dos encontros de catequese? Medo das perguntas, de ser questionado, de alguém discordar de você? Insegurança sua? De onde provém, em sua opinião, essa insegurança? Como resolver?

3. Mais alguma coisa que gostaria de comentar?

***

Assim sendo, acreditamos firmemente que *Jesus é 10! Jogos e atividades recreativas para a catequese* surge para vestir a **mensagem** com uma **roupagem** agradável não somente para crianças como também para adolescentes, jovens e adultos (porque o lúdico é próprio do ser humano) numa linguagem mais próxima de todos; mas não só **vestindo** a mensagem mas ajudando-nos a entender melhor nosso mundo e as relações que estabelecemos com nossos semelhantes, inclusive nossa **relação com Deus**. E dá, sem dúvida, ao catequista, um instrumental poderoso para anunciar o **Reino e seus valores** e contribuir de forma significativa na **formação integral dos catequizandos**.

Nossos temas

JESUS É 10! Jogos e atividades recreativas para a catequese, consta de 7 temas ou capítulos, para o estudo individual ou em grupo, a saber:

TEMA 1: A RECREAÇÃO, desenvolvemos uma reflexão sobre a importância dos jogos motores e atividades recreativas na formação de nossos catequizandos.

TEMA 2: A CATEQUESE, lembramos seu aspecto libertador e formador de pessoas livres e conscientes de seus compromissos como cidadãos e como cristãos.

TEMA 3: A RECREAÇÃO E A CATEQUESE, relacionamos os dois aspectos estudados, concluindo que a recreação tem seu espaço garantido na catequese.

TEMA 4: A IMPORTÂNCIA DA OBSERVAÇÃO, observaremos nossos catequizandos **antes, durante e depois do jogo**, em seus aspectos **Bio, Psico e Sociais**. Com esse propósito incluímos um questionário bastante abrangente que será de grande valia para que o catequista desenvolva suas observações.

TEMA 5: ALGUNS CUIDADOS NECESSÁRIOS, assinalamos tudo aquilo que é necessário para desenvolver adequadamente os jogos na catequese. Para que se jogue bem...

TEMA 6: OS JOGOS: nesta parte listamos 60 jogos divididos em 20 atividades **Bio**, 20 atividades **Psico** e 20 atividades **Social**.

TEMA 7: CONSIDERAÇÕES FINAIS, de onde vem a força plasmadora da personalidade e do caráter que descobrimos nos jogos e atividades recreativas?

Nota importante: antes de começar a aplicar os jogos aqui elencados convém – e isso é muito importante – que os catequistas se reúnam para estudar primeiro *todo o livro*, respondendo a todas as questões e levantando assuntos que possam ser de interesse para a catequese. Não leve nada para seus encontros que não tenha sido experimentado antes no grupo de catequistas.

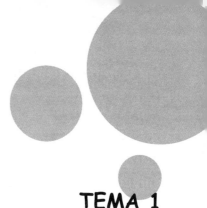

TEMA 1

A RECREAÇÃO

A recreação é um conceito abrangente que vem tomando força e aos poucos assumindo seu espaço e substituindo outras expressões, tipo **brincadeira**. Este conceito abrange uma série de atividades organizadas ou livres: jogos motores, esportes, música e dança, teatro, artes, dinâmicas de grupo, estudo da natureza (trilhas, passeios ecológicos etc.).

Advogamos a presença da recreação na catequese porque não é intenção da catequese transformar crianças, adolescentes ou jovens em adultos em miniatura. Iríamos, decididamente, contra a própria natureza e o direito da criança de agir como criança. Ao afirmar isso, contudo, não quero dizer que a recreação não caiba no mundo adulto; é que os adultos, de uma maneira geral, acreditam que não estão mais **na idade dessas coisas**. Ledo engano... nós nos esquecemos, ou simplesmente abandonamos, por força das circunstâncias da vida, nossa dimensão **lúdica**! E como esse esquecimento e abandono são fontes de estresse e depressão!

O respeito à criança (e ao adulto) leva-nos a concluir pelo seu direito de brincar, de jogar, recrear. A Declaração Universal dos Direitos da Criança (1959) lembra-nos, lá no artigo 24: "A criança terá direito a receber educação, que será gratuita e compulsória pelo menos no grau primário. Ser-lhe-á proporcionada uma educação capaz de **promover sua cultura geral e capacitá-la,** em condições de iguais oportunidades, desenvolvendo suas aptidões, sua capacidade de emitir **juízo** e seu **senso de responsabilidade moral e social,** e a tornar-se um membro útil da sociedade".

"Os melhores interesses da criança serão a diretriz a nortear os responsáveis por sua educação e orientação; essa responsabilidade cabe, em primeiro lugar, aos pais. A criança terá ampla oportunidade **para brincar e divertir-se,** visando a propósitos mesmos da educação; a sociedade e as autoridades públicas empenhar-se-ão em promover o gozo deste direito."

Não nos esqueçamos que o lúdico é próprio do ser humano, não somente coisa de criança...

Por isso na declaração dos direitos do homem (1948), no artigo 24, lemos: "Todo homem tem direito a **repouso e lazer,** inclusive à limitação razoável das horas de trabalho e férias remuneradas".

Recreação é ideia-força para todos os que trabalhamos em **educação,** visando a formação de pessoas capazes de cooperar, de liderar, de viver em grupo.

Por meio das atividades recreativas a criança satisfaz algumas necessidades mais básicas, do físico, do psíquico e do social.

Nem sempre a criança pode expressar-se com liberdade e espontaneidade na família e na escola. Mas é precisamente aí, nesse momento de recreação, que ela se manifesta sem inibições e sem censura.

A liberdade de expressão da criança é diretamente proporcional a seu desenvolvimento psíquico sadio. Quanto mais livre mais sadia se torna. Que o espaço da catequese seja de liberdade de expressão da criança, onde ela possa ser sem fingimento.

Muitos problemas resolvem-se com um jogo ou atividade recreativa. Enquanto executa a atividade, a criança sente-se feliz e não se preocupa com o que está a seu redor. Ela é ela mesma. Sabemos que, a partir dos 3 anos, a criança precisa de um grupo. A necessidade aumentará no decorrer da infância, adolescência e juventude, até desabrochar no convívio social do adulto, para quem os contatos são de extrema necessidade.

A descoberta do grupo e a respectiva integração nele chama-se **socialização**. É um processo que se desenvolve aos poucos, gradualmente. A criança vai percebendo que existem outros ao redor, que o mundo não é só dela, que há certas coisas que ela deve respeitar e outras que deve fazer.

Por meio da recreação podemos criar todas as situações do processo de socialização e ajudar a criança na convivência com seu grupo. É um aprendizado suave, divertido e que proporciona alegria.

Na recreação ela aprende a colaborar, a respeitar, a ceder, a perder e a vencer. E vai formando uma personalidade equilibrada e sadia.

É marcante na criança o gosto pelo jogo, pela música e pelas atividades recreativas.

O jogo e as atividades recreativas têm sido motivo de pesquisa e aprofundamento como fatores educacionais decisivos, por vários motivos:

1. Você conquista a simpatia e o carinho da criança.

2. Nada melhor para a criança que sentir a realidade do que lhe foi ou será ensinado por meio das atividades recreativas ou do jogo, que é o que ela mais gosta de fazer. Aprender fazendo aquilo que ela mais gosta de fazer: brincando. O jogo é um poderoso **catalisador**

dos dados perceptivos e motores, desenvolve a capacidade cognoscitiva e afetiva, enriquece a linguagem, educa para a socialização e favorece eficazmente o desenvolvimento integral da personalidade.

3. O jogo organizado visa o desenvolvimento físico, mental e moral de quem o pratica — em nosso caso crianças, adolescentes e jovens de nossa catequese paroquial:

a) **Efeitos fisiológicos locais e gerais:** tônus muscular, as funções de equilíbrio e os órgãos dos sentidos se aperfeiçoam, estimulam-se a respiração, a circulação e a digestão.

b) **Aperfeiçoamento das funções mentais:** atenção, imaginação, memória, raciocínio, aquisição de hábitos e virtudes morais como a **lealdade, a bondade, o espírito de cooperação e o senso social (grupal).**

c) **O jogo é um valioso recurso para se conhecer a psicologia** da criança ou de quem o pratica. Pode-se conhecer suas tendências, qualidades, aptidões, o que falta e os defeitos, enfim, o estudo de sua personalidade.

d) **O jogo é um meio eficaz para apurar qualidades e corrigir falhas.** Conhecer o catequizando no jogo é observar seu comportamento antes, durante e depois do jogo. Portanto, além dos aspectos físicos, o jogo visa o **aperfeiçoamento de quem o pratica.**

4. **O jogo organizado é a educação do movimento que visa incutir princípios e normas e estabelecer padrões mo-**

rais. Tudo isso não decorre do jogo em si mas por meio dele. A conduta que a criança adota no jogo pode-se transferir para outros níveis de sua atividade, porque o contrário também é verdade: ela chega trazendo tanto virtudes quanto vícios de comportamento para dentro do grupo. A conduta que se revela no decorrer do jogo transfere-se para os outros níveis de atividades, resultando que o comportamento que a criança manifesta no jogo é o mesmo que seu comportamento social em qualquer outra atividade. A isso chamamos de **transferência de comportamento.**

Para que isso aconteça é necessário que o hábito moral adquirido no jogo **esteja profundamente enraizado na personalidade da criança:** consciência do que faz e por que, como age e por que age daquela maneira. É processo demorado mas inegável, pois sabemos que a criança assimilará valores éticos e morais **não pelo discurso, pela fala, ou por estudo de caso, mas pelo jogo; a fala e o jogo formam a dupla perfeita.**

Eis um exemplo:

"Ao iniciarmos a catequese paroquial naquele ano uma mãe, que fazia a inscrição de sua filha, comenta:

– Padre, minha filha é um problema! Bastante desligada de mim e do pai; também dos irmãos. Não está nem aí para a ajuda que ela pode dar em casa e que ela ignora ao máximo antes de ajudar; não se dá com os colegas na escola e as notas também não são boas...

Naquele ano nossa preocupação maior era trabalhar os jogos e atividades recreativas na catequese, abrindo um espaço especial dentro de nossa metodologia de trabalho.

Ao término daquele ano aquela mesma mãe veio agradecer-nos dizendo que sua filha estava mudada: mais atenciosa em casa com eles – os pais – assim como com os irmãos; mais em harmonia com os colegas da escola e quanto ao rendimento escolar teve melhoria considerável.

Atribuímos o mérito da mudança precisamente à metodologia que incluía jogos e atividades recreativas. Não precisa dizer que, inicialmente, ela manteve durante um certo tempo o comportamento que tinha em casa e na escola: criando problemas!" Com o exemplo queremos mostrar a transferência de comportamento.

5. Desse modo a criança desenvolverá seu espírito de equipe, de colaboração, de altruísmo, possibilitando vencer o egoísmo. **A recreação desenvolve o espírito comunitário.** No jogo a **cooperação** dos jogadores é a chave do êxito; perde-se ou ganha-se em conjunto. O jogo quer desenvolver o **espírito de cooperação e a educação do senso social.**

6. Torna-se, então, uma meta importante o desenvolvimento dos aspectos **biopsicossociais** na construção da personalidade de nossos catequizandos com a finalidade de inseri-los de maneira ativa, criativa e racional no mundo em que vivem.

E vamos continuar refletindo sobre esse assunto: o que é o biopsicossocial?

Nós somos corpo. Somos uma **unidade: corpo (Bio) e mente, alma (Psico)**. E vamos nos relacionando com o mundo onde vivemos através do **movimento**. E desta forma vamos nos apropriando do mundo e transformando-o. Qualquer pensamento que tenhamos, assim como qualquer conhecimento adquirido, passa pela ação e pelo gesto. É pela ação corporal que todos nós conhecemos o mundo que nos rodeia e nos relacionamos com todas as pessoas (**Social**). Nós não somos sozinhos, não somos ilhas...

É o movimento (ação corporal = biopsicossocial) que transformamos em símbolos, em linguagem, em raciocínio... Crianças, adolescentes, jovens e adultos **somos movimento**: por ele manifestamos emoções (alegria, tristeza, medos, encontros e desencontros, rejeição e aceitação), interagimos com o meio ambiente para alcançarmos nossos objetivos e satisfazermos nossas necessidades; assim nos relacionamos com os outros, descobrimos quem somos e o que somos capazes de fazer. Expressamos nossa criatividade e solucionamos nossos problemas – inclusive os motores.

> É PRECISO SE MEXER PARA VIVER,
> PARA APRENDER, PARA CRIAR!

A Igreja no Brasil, em sua reflexão catequética, tem percebido a importância de resgatar a dimensão **Bio (corpórea)** assim como aspectos **Psicossociais** na catequese. Vejamos o que nos diz o Estudo da CNBB **"Catequese para um mundo em mudança"**, lá no parágrafo 45:

*"Vivemos séculos de suspeita sobre o valor do corpo. Separou-se com cuidado **alma e corpo**, seguindo a filosofia de Platão. Tratou-se o corpo como inferior, mau, fonte de pecado, entendendo de forma deturpada o conceito de **carne**, usado por São Paulo. Isso trouxe prejuízo ao anúncio da Boa-Nova. Urge resgatar tanto o corpo, obra muito boa de Deus, como a unidade do ser humano na totalidade de suas relações e dimensões.*

*O corpo é nossa comunicação, nossa presença junto ao outro. Jesus está presente entre nós, anunciando: **Isto é o meu corpo!** E com corpo humano se comunicou, curou, alegrou-se, fez refeição, sentiu os sentimentos humanos.*

A catequese que optou pelos pobres se preocupou com as necessidades físicas do corpo: alimento, abrigo, saúde... mas cor-

po não é só isso: é também festa, dança, expressão, prazer e dor, alegria e tristeza, sexualidade, família e solidão, criatividade, lazer, brincadeira... e muito mais. A inculturação da mensagem terá de incluir, entre outras coisas, a linguagem do corpo. Diante de uma sociedade que tende não só a cultuar o corpo, mas em transformá-lo em objeto de consumo, uma catequese que se alegrasse com a obra de Deus no corpo humano, com dignidade, mas sem preconceitos, teria muito que dizer."

E o jogo organizado nada mais é que a educação do movimento que desenvolverá a coordenação motora, enriquecerá a linguagem, desenvolverá a capacidade cognoscitiva e afetiva, a imaginação, a capacidade de organizar-se, de exercitar-se, de viver em grupo.

E não nos esqueçamos que a **criança que brinca** está aprendendo. E não somente a criança, mas todo aquele que se empenhe nos jogos e atividades recreativas **está aprendendo**, independentemente da idade cronológica. Está aprendendo, entre outras coisas, a conviver, a fortalecer as relações de amizade e companheirismo, formando e enriquecendo sua personalidade, fortalecendo a convivência dentro do grupo (cooperação), e a alegria e felicidade decorrentes da recreação comunitária enriquecem a vida e são essenciais para a tranquilidade, a ordem e a segurança social.

Aviso importante: nada mais prejudicial do que o exacerbado espírito competitivo. Para constatar isso basta que observemos nossos campeonatos do esporte que é paixão nacional: o futebol. Muita violência dentro e fora dos gramados preocupam atletas, torcedores e autoridades. E todos nós temos experiência, uns mais, outros menos, de alguma atividade envolvendo competição que fizemos e a "coisa" saiu de nosso controle.

Nos jogos e atividades recreativas devemos aprender que todo esforço **competitivo** deve conduzir as pessoas à **cooperação** com os elementos do grupo; isso exigirá de cada membro uma **acomodação** ao grupo: **assimilação** das ideias e ideais do grupo, promovendo-se, assim, a **adequação** a ele de seu comportamento. É o que chamamos de **socialização**. Devemos saber dosar e alinhavar, na medida certa, esses elementos: **competição, cooperação, assimilação, acomodação e socialização** em nossas atividades recreativas.

Você, com os colegas catequistas, deve conversar sobre o que foi dito anteriormente. Gaste um tempo revendo tais conceitos e anotando as conclusões no espaço assinalado abaixo:

SEU ESPAÇO

TEMA 2

A CATEQUESE

> A catequese deve ajudar os catequizandos a fazerem experiência de ser Igreja. É a vida comunitária de fé, de solidariedade, de partilha, de oração e participação de todos. A experiência de uma Igreja comunhão-participação, ministerial, servidora e acolhedora, seja bem assimilada e vivida na formação do catequista *(Formação de catequistas, 144).*

TRANSMITIR A FÉ

"Bem cedo passou-se a chamar de catequese o conjunto de esforços empreendidos na Igreja para fazer discípulos, para ajudar os homens a crerem que Jesus é o Filho de Deus, a fim de que, por meio da fé, tenham a vida em nome dele, para educá-los e instruí-los nesta vida, e assim construir o Corpo de Cristo."

"A catequese é uma educação da fé das crianças, dos jovens e dos adultos, a qual compreende especialmente um ensino da doutrina cristã, dado em geral de maneira orgânica e sistemática, com o fim de os iniciar na plenitude da vida cristã."

"A catequese anda intimamente ligada com toda a vida da Igreja. Não é somente a extensão geográfica e o aumento numérico, mas também e mais ainda o crescimento interior da Igreja, sua correspondência ao desígnio de Deus que dependem da mesma catequese." *(CIC, 4, 5 e 7)*

Selecionamos um jogo na catequese em função do que queremos trabalhar com nossos catequizandos: desenvolvimento de habilidades físicas? (bio); formação da vontade e do caráter? (psico); desenvolver as relações grupais? (social). E tudo em função de que pretendemos formar pessoas valiosas para a coletividade e para a comunidade cristã (Igreja).

Assim, pois, o jogo é um **laboratório de construção da personalidade:** do caráter, da ação moral e do pensamento, de valores humanos e cristãos. O que contribui de forma significativa para a **formação integral do catequizando.**

O catequista dedicará atenção toda especial às crianças com problemas: medrosa, atrasada, que não gosta de jogar, egoísta, acanhada, turbulenta, briguenta, jactanciosa, distraída, (você pode incrementar essa lista conforme sua experiência e observação...). Caso não se consiga ajustar a criança a seu meio infantil deve-se procurar a ajuda de um psicólogo.

Na adolescência, entre outras características, surge de forma acentuada uma vontade de aparecer, fazer-se notar, aliada a uma vaidade e amor próprio extremamente desenvolvidos: vai querer aparecer como um bom jogador, bom desportista, vai se cuidar melhor fisicamente (roupa, cabelos, higiene, saúde, estética do corpo etc.) assim como da linguagem, dos gestos; nesse momento acentuam-se o espírito combativo e a ânsia de ganhar, o desejo de vencer! Tudo isso com o propósito de se destacar para o outro sexo, para questionar a autoridade ou simplesmente para provar a própria capacidade.

Ensinar não é dominar. O fim precípuo da **educação** — e por que não da educação da fé? — não é a aquisição **imediata de**

conhecimentos, mas a formação de **atitudes corretas** e o desenvolvimento **das habilidades necessárias** para que essa aprendizagem aconteça... o que em suma a **educação** pretende — e por extensão a educação da fé — é formar pessoas capazes de realizar coisas novas e **não simplesmente repetir o que já existe ou o que os outros fazem;** formar pessoas criativas, inventoras e descobridoras; formar mentes críticas com discernimento e conhecimento de como nossa sociedade **está organizada e como funciona.**

E por ser a catequese (...) **"transformadora e libertadora, ilumina a vida do povo.** Forma a consciência crítica diante das estruturas injustas e leva a uma ação transformadora"** *(Formação de catequistas, 26).* O jogo nos ajudará nesse discernimento e nessa tarefa...

Temos a vantagem que o jogo é **um instinto primário;** joga-se para satisfazer um instinto tão básico quanto as atividades de comer, beber e dormir. Não se joga para ganhar e sim para satisfazer o instinto; e o instinto é aperfeiçoado (ou deturpado) pelo treinamento (instrução, educação); o jogo possibilita a satisfação daquelas necessidades mais básicas relacionadas ao biopsicossocial. O que você acha? O jogo pode ser deformador do caráter? Como e quando? Faça suas anotações no SEU ESPAÇO.

SEU ESPAÇO

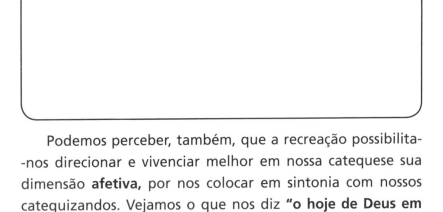

Podemos perceber, também, que a recreação possibilita-nos direcionar e vivenciar melhor em nossa catequese sua dimensão **afetiva,** por nos colocar em sintonia com nossos catequizandos. Vejamos o que nos diz **"o hoje de Deus em nosso chão"** lá na página 74:

"Fazer uma catequese mais afetiva é revelar-se como pessoa humana. É muito mais difícil expor um sentimento, porque instintivamente, de alguma forma, sei que estou expondo o lugar onde vivo a verdade. Quando compartilho meus sentimentos e minha afetividade, dou a oportunidade de conhecer-me de uma nova maneira, de conhecer-se a si mesmo de outra maneira, e de mudar por meio deste conhecimento. Isso é fundamental para a catequese, pois, quando se fala de uma catequese mais afetiva, não se está referindo ao que os outros devem fazer, agir e interiorizar, mas refere-se primeiramente ao catequista como pessoa em relação. Para a experiência da catequese, o que permanece, o que desperta motivações, o que cria um gosto não são as palavras que o catequista profere, mas seu jeito de pessoa humana, seu relacionamento afetivo, sua postura de vida."

O que você acha? Releia todas as citações de estudos e documentos da Igreja que colocamos anteriormente e responda: como a recreação pode nos ajudar nessa tarefa catequética? Converse com seus colegas... Anote no SEU ESPAÇO.

SEU ESPAÇO

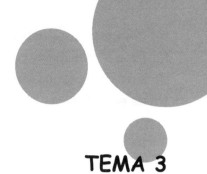

TEMA 3

A RECREAÇÃO E A CATEQUESE

O **jogo em si não educa o caráter**. A educação acontece quando o catequista, por meio do jogo, vai apontando e elogiando **todo ato moral bom**, proporcionando alegria e satisfação à criança ao mesmo tempo que manifestará **desaprovação** quando por ocasião de um **ato social indesejável**: **apontar sempre** as consequências prejudiciais de **um ato mau** e as benéficas **de um ato bom**. Porém, não precisa ser pedante para cobrar isso, nem moralista. Que seja algo natural.

Exigiremos, sempre, que **as regras do jogo sejam cumpridas**. As que se referem aos movimentos e àquelas que dizem respeito à **conduta moral**. Nos dois casos, diante de qualquer violação da regra, **o jogo será interrompido**. Somente conseguiremos que o jogo seja um verdadeiro fator educativo a partir do momento que sejamos rigorosos: aconselhar, advertir, corrigir, no momento oportuno. A criança vai aprendendo a julgar seus próprios atos e os atos dos colegas.

A educação do caráter nada mais é que propiciar ao indivíduo uma **conduta social satisfatória**, na qual ele agiria em conformidade e harmonia consigo mesmo e com o meio em que vive.

O catequista, que é o orientador do jogo, **tem uma forte influência** sobre seus catequizandos; os catequistas precisam ter uma estrutura **moral e caráter** que seja padrão para a infância e a juventude, cuidando bem dos **gestos**, das **atitudes**, do **jeito de tratar os outros**, da **linguagem**, do como **demonstra as emoções, o modo de vestir, os costumes**... isso porque existe uma tendência, da parte de nossos catequizandos, de **imitar aquelas pessoas que eles admiram.**

O jogo é o meio de a criança superar suas tensões; portanto é um **descanso,** mesmo que implique em desgaste de energia. E é sempre **motivo de alegria,** pois a criança coloca nele toda a sua personalidade (é bom jogar se queremos conhecer nossas crianças). E jogar é **vital para a criança.** É seu trabalho. É o que ela mais necessita e gosta de fazer. Não podemos ir contra a natureza e o direito da criança de agir como criança, **de jogar.** O que dizer das crianças que não gostam de jogar?

A catequese, ao promover a educação da fé, levará em consideração e procurará atender aos **três aspectos constitutivos da pessoa humana: o corpo (Bio), a mente (Psico), e o aspecto grupal (Social). Isso se torna possível pela recreação, não pelo simples discurso religioso.**

Abaixo a metodologia do traseiro! Abaixo a tese de que o ficar "sentado e quieto" é condição **necessária** para que a aprendizagem aconteça. A vida lá fora, o barulho, a confusão, é outra vida que não faz parte da **química ou da mágica do aprender?** Será a catequese a **terra da imobilidade** para onde se vai para se preparar para os sacramentos? O que fazer então com tudo o que aprenderam por aí com os amigos, os pais, os brinquedos e... até com a televisão? É preciso fazer uma **desinfecção de vida** para aprender e viver religião?

Por que nossa ansiedade para que aprendam conceitos? Forçar a criança a **"aprender conceitos"** que lhe são estranhos supõe que alguém coloque-a muito cedo no caminho da **alienação intelectual,** já que ela não tem razões próprias para

34

utilizar os conceitos intelectuais que não foram construídos a partir de si mesma, ela se apoia nas construções dos adultos, **sacrificando, assim, seu próprio raciocínio** (prevalece o **argumento de autoridade:** o catequista falou que é assim, o professor disse, o padre falou desta ou daquela maneira etc.)

Os jogos e demais atividades recreativas serão de fácil compreensão; a criança deverá interagir e até mesmo recriar, inventar outras, a partir do que foi proposto. A pedagogia moderna considera os jogos e atividades recreativas como um excelente meio de canalizar a energia vital da criança para o enriquecimento de sua personalidade, por meio dos movimentos do corpo.

A recreação cabe ou não na catequese? O que você acha?

Creio que, em sã consciência, não podemos negar seu valor. Como tampouco podemos nos esquecer de uma outra questão intimamente ligada aos jogos: dar prêmios? Pagar prenda? Castigo?

O incentivo e o elogio como prêmio, e o aviso, a repreensão e reprovação como castigos são recursos engenhosos, porém, nada mais eficaz que a afeição, temperada com boas doses de paciência, tolerância, bondade, respeito, doçura, benevolência, que hão de conduzir necessariamente à compreensão da criança; é um recurso poderoso na educação moral.

Algumas pessoas afirmam que eliminar a criança do jogo, sobretudo daquele que ela mais gosta, apresenta-se como forma de admoestar e corrigir a criança por seu comportamento inadequado durante o jogo, pois ela deve respeitar o grupo. Seria uma maneira de adverti-la. Essa punição ou castigo despertaria na criança infratora o arrependimento com os respectivos pedidos de perdão e promessa de que o comportamento impróprio não se repetiria.

1. Você concorda com essa opinião?
2. A exclusão do jogo como castigo por comportamento inadequado é eficiente?
3. Deixaria mágoas ou ressentimentos? A criança se corrigiria de fato? Não inibiria a criança?
4. Não seria suficiente chamar a atenção?

Existe uma segunda opinião que é a daqueles que advogam que a catequese pode e deve ser **um espaço necessário de expressão da liberdade da criança,** já que na escola, em casa, na rua, a criança é continuamente cerceada e podada em suas iniciativas: **É proibido ser ela mesma!** Seria o espaço para ela ser ela mesma. (Não seria o requisito básico de uma catequese afetiva?)

Assim sendo, não excluir ninguém em momento algum, pois a criança eliminada se sente profundamente frustrada quando precisa sair do jogo. Tampouco pagar prenda quem perdeu; nada de cobrança porque errou ou perdeu, pois a função do jogo é dar prazer não pelo êxito, mas pelo simples fato de estar participando, executando... Excluindo a criança estaremos simplesmente reproduzindo nosso modelo social que marginaliza, oprime, exclui e é extremamente competitivo...

1. Você concorda com a opinião?
2. Essa postura é mais condizente com a liberdade de expressão da criança?
3. Neste caso como seria a correção da criança infratora das regras do jogo?
4. Corremos o risco de reprodutivismo social na hora de nossos jogos? Como?

De fato, muitos problemas se resolvem — inclusive aqueles de infração das regras do jogo e desrespeito ao grupo — com jogos e atividades apropriadas porque proporcionarão alegria à criança que continuará buscando ser ela mesma de uma maneira mais harmoniosa e condizente com seu grupo e com os valores morais desejáveis. No jogo você conquista a simpatia e o carinho da criança. Acredito firmemente que a tarefa da recreação na catequese é ensinar a **Vem-Ser.** Isso mesmo! Não é erro de grafia... A recreação na catequese é o espaço do **Ser**: é preciso ir a ele para **Ser-Com.** É o convite que o catequista faz a seus catequizandos: **Vem-Ser!** Ser mais você, ser mais comunidade, ser mais grupo, ser mais gente, ser mais amigo, ser mais Igreja, ser mais solidário e fraterno... – **Ser ou vencer, eis a questão!**

Na verdade é uma opção que precisamos fazer e renovar constantemente: o que você acha? Como investiremos nosso tempo? **No vem-ser ou no vencer?** Superemos toda e qualquer neurose que cria **vencedores e vencidos**, para não repetir ou reproduzir, em nossa catequese, o esquema de nossa sociedade que marginaliza e oprime...

A catequese enfim, por ser libertadora, não é para perpetuar a experiência da desigualdade e o aprendizado da dependência. É para resgatar a capacidade de trabalhar, de criar, de viver em comunidade.

Leia com atenção o texto que vem em seguida, tirado do *Estudos da CNBB, 78, O hoje de Deus em nosso chão*, que chama nossa atenção para o surgimento de uma nova modernidade, lá na página 28:

"É que hoje vai se construindo uma 'nova' modernidade, onde encontramos pessoas que são sujeitos que se entendem mais do que sujeitos e querem 'conhecer-se' no sentido moderno. Está nascendo outra linguagem que favorece o entendimento entre as pessoas. São pessoas 'novas', que não querem isolamento, mas querem falar, se expressar, interagir, construir, melhorar. Estamos descobrindo, com a ajuda de alguns pensadores, que existe nas pessoas, apesar de tudo, uma ação comunicativa, uma capacidade de intercomunicabilidade fundamental. Está no fundo de cada pessoa, e agora aflora. É pessoa diante de pessoa, numa relação intersubjetiva, e pessoas diante de pessoas, numa relação social de solidariedade e fraternidade".

Relacione o que você leu até o momento com o texto anterior.

Faça suas anotações no SEU ESPAÇO...

SEU ESPAÇO

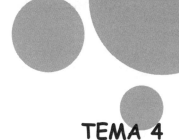

TEMA 4
A IMPORTÂNCIA DA OBSERVAÇÃO

Durante o jogo deve-se observar o comportamento de seus catequizandos. Com qual finalidade? Ajudá-los em suas possíveis dificuldades quanto ao **Bio**, ao **Psico** ou ao **Social**. Um dos objetivos dos jogos é precisamente fazer com que a criança se integre a seu grupo. Ajustamento pessoal (que se sinta bem consigo mesmo) e ajustamento grupal (que se sinta bem no grupo).

Pode existir algum caso de desajuste que implique em orientação mais específica ou profissional, até mesmo de encaminhamento a quem de direito para ajudar a criança em seu ajustamento. Por isso seria interessante que os catequistas tivessem como referência nomes de paroquianos especializados em psicologia que pudessem, em determinados casos, prestar assessoria ao grupo de catequistas. Sem nos esquecermos que as famílias são nossas aliadas nessa tarefa de ajustamento das crianças, seus filhos, ao grupo de catequese paroquial. Lembremo-nos que se há desajuste na catequese pode havê-lo também na escola e dentro de casa, na família.

O que propomos a seguir é um roteiro ou questionário que pode ajudar-lhe na tarefa de observação:

1. Quanto ao Bio

a) **sensibilidade:** à dor, quedas, trombadas, contusões; resfriados, calor, frio, fadiga fácil; gosta de movimento, ritmo, das cores, do som etc.; como se sente em espaço fechado, restrito, e em espaço aberto.

b) **sexualidade:** gosta ou não de estar com pessoas do outro sexo, de dançar ou não, procura carinho das pessoas mais adultas, das crianças do mesmo sexo, é precoce ou não, sinais físicos e mentais da puberdade, é ou não ciumento em partilhar o objeto de sua afeição com os outros etc.; faz ou não gestos ou diz palavras obscenas.

c) **facilidades e dificuldades:**
* em atividades com as mãos: manipular bolas ou outros objetos relacionados com os jogos ou atividades em andamento: bater palmas, movimentar e estalar os dedos, abrir e fechar as mãos, manter o ritmo...
* atividades com os braços: prestar atenção nos movimentos rítmicos ou não de elevação, extensão (para a frente, para baixo, para trás), flexão etc.
* atividades com pés e pernas: quanto ao ritmo, pé direito, pé esquerdo, alternados, elevação das pernas, afastamento e aproximação das pernas, saltitar, saltitar e bater palmas etc.
* atividades com a cabeça e com os olhos: mover a cabeça à direita, à esquerda, para frente, para trás; olhos à direita, esquerda, para cima, para baixo, abrir e fechar acompanhando o ritmo...
* atividades com os ombros: elevar e abaixar ao mesmo tempo e alternando direito e esquerdo...
* atividades envolvendo a fala e a escrita.
* atividades envolvendo as condutas motoras de base:

correr, andar, marchar e saltar: naturalmente, seguindo um ritmo, alternando o ritmo, cadenciando, acelerando, variando; sobre uma linha, sobre diferentes formas, geométricas, de costas, na ponta dos pés, transpondo obstáculos, de olhos fechados, saltando num pé só, alternando os pés, variando (um pé, dois pés, um pé, dois pés etc.), saltitar e agachar, saltitar no mesmo lugar ou em deslocamento etc.

* atividades de coordenação **viso-manual** ou **óculo-manual:** manuseio de uma bola ou objeto de jogo: equilibrando, lançando, pegando, alternando as mãos, jogando para cima ou contra a parede, seguindo um ritmo ou não, lançando para os colegas e recebendo lançamentos etc.

* atividades de **coordenação dinâmica geral:** são atividades que exigirão uma variedade de ações tais como **correr, saltar, lançar, pegar,** em várias direções.

Nota: À medida que for trabalhando os jogos, vá observando normalmente como seus catequizandos realizam os movimentos, como se relacionam entre si e se têm dificuldades na socialização. Se as dificuldades persistirem, procure quem possa ajudar. Geralmente, os distúrbios têm seus efeitos colaterais no comportamento em outros momentos... exemplo: distraído, agressivo, desligado etc. no jogo, o será também nos encontros de catequese, na escola, em casa...

2. Quanto ao Psico. Vamos observar o jeito de ser de cada um

— deseja alcançar situação mais elevada, de destaque, dentro do grupo?

— está satisfeito na situação em que se encontra?

— exagera seu valor? Gaba-se?

— magoa-se facilmente? Não gosta de pedir ajuda a ninguém?

— só obedece ao catequista ou ao juiz?

— impõe-se, faz-se respeitar? reclama seus direitos quando se sente lesado?

— quer dominar, fazer-se servir?

— é ciumento da superioridade dos outros?

— aprecia o material dos jogos? (bolas, bastões, bandeirinhas...). Não gosta que toquem no material de jogos confiados a sua guarda? É cuidadoso quanto àquilo que lhe é confiado? É ordeiro, organizado? Conserva tudo em ordem?

— sabe economizar, poupar o material sob sua responsabilidade?

— tem medo do vazio? (atravessar o campo ou área do jogo)

— tem medo de água?

— é tímido? tem medo dos companheiros? dos adversários?

— defende os companheiros? defende os pequeninos?

— defende os objetos alheios? (material do jogo ou de outros, que não lhe pertencem?)

— irrita-se facilmente? reage imediatamente com gestos e palavras? é colérico? é violento? quebra coisas, agride a si mesmo, faz birra?

— é brutal? vinga-se com o uso da força? é brusco? (pavio curto...) perde a linha por pouco?

— é gozador? caçoa de todo o mundo?

— é desafiador? desafia os outros com atos?

— é covarde? aproveita-se da fraqueza dos outros para vingar-se?

— é mentiroso? calunia para prejudicar o outro? descula-se acusando o outro?

— guarda rancor? é vingativo? não se esquece facilmente daquilo que lhe fazem?

— é grosseiro por palavras ou gestos?

— é sensível ao elogio?

— não suporta ser passado para trás? diminui os outros para poder aparecer?

— deseja triunfar pela força? pela agilidade? pela habilidade?

— tem necessidade de aprovação? é sensível à reprovação? sensível ao castigo? qual?

— sensível à ameaça? que tipo?

— deve ser tratado com doçura? com firmeza?

— só obedece a determinadas pessoas? quais?

— gosta de imitar? quem?

3. Quanto ao Social

— não gosta de jogar sozinho, procura os outros...

— gosta de jogar com pessoas da mesma idade? de menos idade? os melhores? os mais fortes? com os adultos?

— gosta de prêmios? gosta de adulação? gosta de elogios?

— é educado? obedece aos superiores? obedece somente ao instrutor, catequista ou juiz?

— é prestativo?

— é fraco diante dos outros? (diante de pedidos, de ameaças, de gritos...)

— deixa-se dominar?

— sabe perdoar? esquece facilmente o mal que lhe fazem? é rancoroso? conserva a raiva?

— gosta do grupo, da turma? tem espírito de família? protege os irmãos, parentes?

— aceita qualquer posição dentro do grupo?
— gosta de andar com os companheiros? preocupa-se com o que acontece com eles?
— tem espírito de classe social? tem espírito bairrista?
— tem tendência linguística do grupo? (jeito de falar, de se expressar do grupo)
— é sensível às dificuldades dos outros e dos que sofrem?
— é paciente e indulgente? pensa nos outros antes de pensar em si? ajuda os companheiros?
— defende os outros, sobretudo do mesmo grupo, material ou moralmente?

4. Quanto ao jogo

— tipo de jogos que prefere: sensoriais, motores, mentais, de luta, afetivos, imitativos, sociais, de água, de azar, tranquilos, jogo livre, organizado, outros...
— sabe organizar jogos?
— só joga quando é o chefe?
— sabe respeitar as regras do jogo? exige que se respeitem as regras?
— apaixonado pela vitória? só joga se sabe que vai ganhar? abandona o jogo quando perde?
— joga porque gosta de jogar, independentemente do resultado?
— gosta, não gosta de jogar por aposta? (dinheiro, objetos etc.)

5. Tendências éticas

— sabe a diferença entre o bem e o mal?

— preocupa-se com sua própria conduta? é escrupuloso, levando sua preocupação além do normal?

— é sincero e franco?

— é honrado? tem sentimento do dever? resiste aos maus exemplos e maus conselhos?

— sabe desculpar-se e o faz sem dificuldades? arrepende-se com sinceridade?

— tem um ideal quanto ao que deseja ser quando crescer? (profissão).

6. Particularidades da inteligência e da vontade

a) Atenção

— é atento? presta atenção durante o ensino do jogo e durante o jogo?

— é concentrado? acompanha atenciosamente todos os movimentos e lances do jogo e presta atenção aos jogadores em ação?

— é distraído? sua atenção desvia-se facilmente para pessoas e objetos?

— é desligado? devaneia muito antes e durante o jogo, entretido com pessoas e objetos alheios ao jogo?

b) Memória

— tem boa memória? guarda bem as regras do jogo? sabe repetir a explicação sobre um jogo novo? guarda os nomes dos jogos?

— guarda os movimentos e lances dos jogos?

— tem memória visual e auditiva? não esquece um jogo quando o vê ou ouve sua descrição?

c) Raciocínio
— é esperto? tem sagacidade para aprender as "manhas" do jogo, os truques, as habilidades?
— é dedutivo? sabe relacionar processos e princípios de um jogo para outro, buscando suas semelhanças?
— é capaz de mostrar vantagens de tática, truques ou habilidades?
— sabe comparar jogos novos com outros já conhecidos?

d) Imaginação
— é inventivo? sabe criar jogos, variar? inventa gritos de guerra e saudações?
— é apaixonado pelo jogo em todas as suas formas?
— é criativo? situações, coisas, pessoas, objetos...

e) Vontade
— tem força de vontade, esforça-se?
— sabe se controlar? não se exalta? não se irrita? controla seus impulsos?
— tem espírito de decisão?
— esforça-se para jogar bem, para ganhar?
— é indeciso? indiferente? abúlico? não tem ânimo para jogar?
— é perseverante? insiste em jogar bem? persistente?

Atenção: estamos propondo um questionário de observação. Um instrumento para que você observe o progresso do seu catequizando no jogo e na catequese, que só terá sentido se promover a socialização, se desembocar, desaguar, numa vida comunitária paroquial. Para que vivam os valores do reino de deus. Para que sejam mais fraternos e justos. Para que celebrem sua fé e sua fraternidade na eucaristia. Para que assumam sua vida cristã.

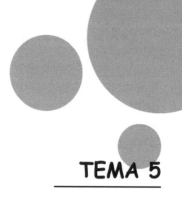

TEMA 5

ALGUNS CUIDADOS NECESSÁRIOS

1. O jogo organizado se prepara com cuidado. E são três as fases do jogo: **preparação, evolução ou desenvolvimento e o final** (conferir Nicanor Miranda em seu livro *210 jogos infantis*).
Ao afirmarmos que o jogo se prepara isso significa que o catequista **deve vivenciar primeiro o jogo antes de aplicá-lo a suas crianças**. Avaliar como se sentiu, as dificuldades e as possibilidades que o jogo apresenta. Não somente preparar o material necessário e as fases do jogo.

   a) O que é a preparação?
   É o arranjo do local, a reunião das crianças e a colocação dos jogadores: em círculo, semicírculo, sentados etc.

   b) O que é o desenvolvimento?
   É o jogo propriamente dito; etapa que vai da movimentação ao término da ação que foi proposta. É o mais importante, o principal; nesse momento observe suas crianças: estarão em ação, livres, despreocupados, comportamento totalmente espontâneo, se revelando como realmente são em toda a extensão de sua personalidade.

c) O que é o final?
É o término do jogo com a proclamação da 'vitória' de um dos grupos que disputaram o jogo. Momento de muita alegria, gritos de entusiasmo, comemorações etc. **O jogo não será jamais silencioso!** A criança vai torcer, vibrar, gritar, porque tudo isso será **manifestação de prazer e alegria!** O que não deixa de ser um verdadeiro exercício de **ginástica respiratória!**

2. **Duração, ritmo, velocidade e distância são elementos que constituem o jogo motor** (Nicanor Miranda, obra citada. Conferir bibliografia).

a) **Duração:** é o tempo total do jogo.

b) **Ritmo:** é a coordenação de movimentos e lances num tempo determinado.

c) **Velocidade:** é o grau de rapidez que deverá ser aplicado na execução dos movimentos e a passagem rápida entre os lances.

d) **Distância:** é o maior percurso a ser vencido ou a soma de vários percursos segmentários.

O que é o movimento?
O movimento pede o **deslocamento** do corpo, de qualquer forma que ele se opere: **correndo, saltando, marchando, transportando.**

O que é lance?
É a passagem de um momento para outro e pode dar-se sem deslocamento do corpo. Os lances são, em geral, **gestos,**

ações, que caracterizam o jogo. Correr é movimento! O ato de pegar é lance!

Vamos fazer um exercício. Na parte de jogos intitulada 'Bio' escolham qualquer um deles para fazer com seu grupo de catequistas. Uma vez feito o jogo, entre todos, tentar identificar os **elementos constitutivos do jogo explicados acima.** Posteriormente repetirão o jogo escolhido **alterando o ritmo**: o ritmo pode ser **moderado, andante, alegro, presto.** Como no andamento musical.

O **ritmo** é elemento básico, **Bio** por natureza. A duração do jogo depende, em grande parte, do ritmo. **O ritmo é a alma da duração.** É difícil estabelecer um critério para a duração de cada jogo. Depende do interesse, resistência física, idade, constituição nervosa da criança...

Na catequese o jogo não durará como numa aula ou sessão de jogos (em torno de 45 minutos); terá de ser dosado conforme o tempo de duração do encontro de catequese (que não ultrapassará 45 minutos). De qualquer forma **devemos determinar a duração para não estafarmos as crianças.**

3. **O jogo não será imposto,** para que não se perca o interesse por ele. **E como se ensina um jogo? A taxionomia do jogo deve ser bem clara para que se jogue bem.**

Para que um jogo produza seus efeitos **Biopsicossociais** é preciso que as crianças joguem com alegria, com entusiasmo e vontade. Se for dada à criança a oportunidade de escolher, aumentará, sem dúvida, seu entusiasmo.

Pode-se sortear o jogo entre aqueles sugeridos pelas crianças ou então sugerir uma variante mais difícil de um jogo mais conhecido; com isso o catequista pode "forçar um pouco um jogo" que lhe pareça necessário para aquele grupo, naquele momento...

No caso da catequese pode acontecer que para cada tema o catequista escolheu um jogo, normalmente dentro do tema a ser desenvolvido. Neste caso compete ao catequista **motivar** as crianças; normalmente elas gostam de jogar e não se aborrecem jogando.

Como se ensina um jogo?

a) Explicar o jogo detalhadamente; as crianças devem repetir mostrando que entenderam. Se necessário, **ilustrar** com esquemas no quadro de giz ou no chão, na área do jogo. Após isso, iniciar o jogo.

b) Pode-se decompor o jogo parte por parte, em suas diversas fases, explicando-as. Sondar para ver se as crianças entenderam e, assim, **iniciar** o jogo.

c) Explica-se sumariamente o jogo e pede-se às crianças que o executem com andamento moderado (**lento**). Assim o catequista terá a chance de corrigir as falhas grosseiras dos lances e movimentos antes de realizar o jogo completo pela primeira vez. Do **lento** passa-se ao **andante** e em seguida ao **presto** que é o normal dos jogos motores.

d) O ensino do jogo, porém, não diz respeito apenas ao **físico (bio)** da criança mas também e sobretudo a seu **ser moral e social:** ensino de gestos e atitudes, linguagem, valores etc. (Psicossocial)

e) Ao conduzir o jogo, o catequista poderá fazê-lo usando um **apito.** A partir daí:

— combinará com as crianças como será o **sinal do apito para reunir, para começar o jogo, para interromper, para o intervalo e para o final.**

— Isso habituará a criança a obedecer imediatamente aos sinais combinados.

— Isso há de preservar as cordas vocais de quem orientar os jogos.

— As crianças amam o jogo na proporção da disciplina em que é realizado.

— Exigiremos sempre o **cumprimento das regras.** Diante de qualquer irregularidade o jogo será imediatamente interrompido. A alegria, o riso, o entusiasmo e o barulho são compatíveis com o respeito e a obediência às leis do jogo. Exigir o cumprimento das regras não deve enfraquecer nem diminuir a alegria, a camaradagem e o entusiasmo.

— Ao finalizar é o momento da alegria e da camaradagem; momento de advertir os descontentes e inconformados; momento de conversar e orientar; momento de avaliar a participação, as emoções, os sentimentos, os valores etc. **fazendo a analogia com os momentos semelhantes de nossa vida** (insinuando a passagem dos valores assimilados no jogo para outras situações e níveis de atividades de nossa vida), mostrando as semelhanças e correlações entre o ato que merece aplauso, aprovação ou reprovação, praticado no jogo e outro praticado em diferente atividade ou nível.

4. Para que não caiamos na tentação de dizer **que essas coisas não são pertinentes à catequese** e que para ser catequista tais questões são irrelevantes, lembremo-nos da... "competência pedagógica, metodológica e didática. Isto possibilitará ao catequista programar sua atividade, atuar corretamente, servindo-se das técnicas e dos instrumentos da educação e aprendizagem, avaliar a própria caminhada catequética conforme os objetivos e meios programados. Faz parte desta meta suscitar nos catequistas a criatividade tão necessária para o dinamismo em que se situa a CR (Catequese Renovada). Também é necessário formar o catequista como comunicador, característica fundamental de sua missão" *(Estudos da CNBB, 59. Formação de catequistas).*

E, como se não bastasse, os *Estudos da CNBB 78, O hoje de Deus, em nosso chão,* p. 19, recorda-nos "outra **grave ausência** de nossa catequese é um **maior diálogo** com as ciências da educação. A catequese, por ser **pedagogia e mistagogia,** deveria estar em constante contato e usufruindo dos avanços que a educação vai conquistando, auxiliada por uma série de estudos e experiências (...) não podemos ficar alheios ao que se passa no mundo pedagógico, pois educar pessoas humanas é uma arte que exige contínua atenção não só aos valores tradicionais e perenes, mas também às novas exigências da cultura moderna" (...)

Em tempo: **você sabe o que é mistagogia?** e continuamos com o texto: "há muitos elementos riquíssimos das ciências da educação que os catequistas, principalmente aqueles que provêm do mundo da escola e com formação pedagógica, poderiam aportar à catequese"... e mais adiante, na página 22, ao assinalar alguns desafios, o Estudo nos lembra "**integrar na catequese as conquistas das ciências da educação, particularmente a pedagogia**".

Se você pretende realmente aproveitar-se de todas as chances e possibilidades que as atividades podem proporcionar, preste atenção nas seguintes regrinhas muito práticas:

1. Elimine todos os prêmios (quem venceu); o prêmio verdadeiro é o poder jogar, participar; e a criança não exige outro; sem essa de dar ênfase a **vencedores e vencidos**.

2. Não excluir (errou, sai do jogo) ninguém em momento algum, pois a criança se sente profundamente frustrada quando precisa sair do jogo.

3. Não pagar prenda (quem perdeu); nada de cobrança porque errou, pois a função do jogo e da recreação é dar prazer não pelo êxito, mas pelo simples fato de estar participando, executando, brincando.

4. Se não tomarmos esses cuidados estaremos simplesmente reproduzindo na catequese o mesmo modelo de sociedade que marginaliza, oprime, exclui e é extremamente competitiva.

Leia atentamente o número 1697 do Catecismo da Igreja Católica e responda à pergunta que colocamos logo em seguida:

1697: "Importa, na catequese, revelar com toda clareza a alegria e as exigências do caminho de Cristo. A catequese da 'vida nova' (Rm 6,4) em Cristo será:

— *uma catequese do Espírito Santo*, Mestre interior da vida segundo Cristo, doce hóspede e amigo que inspira, conduz, retifica e fortifica esta vida;

— *uma catequese da graça*, pois é pela graça que somos salvos, e é pela graça que nossas obras podem produzir frutos para a vida eterna;

— *uma catequese das bem-aventuranças*, pois o caminho de Cristo se resume nas bem-aventuranças, único caminho para a felicidade eterna, à qual o coração do homem aspira;

— *uma catequese do pecado e do perdão*, pois, sem reconhecer-se pecador, o homem não pode conhecer a verdade sobre si mesmo, condição do reto agir, e sem a oferta do perdão não poderia suportar essa verdade;

— *uma catequese das virtudes humanas*, que faz abraçar a beleza e a atração pelas retas disposições em vista do bem;

— *uma catequese das virtudes cristãs* da fé, esperança e caridade, que se inspira com prodigalidade no exemplo dos santos;

— *uma catequese do duplo mandamento da caridade* desenvolvido no Decálogo;

— *uma catequese eclesial,* pois é nos múltiplos intercâmbios dos 'bens espirituais' na 'comunhão dos santos' que a vida cristã pode crescer, desenvolver-se e comunicar-se".

O texto em questão diz que nossa catequese deve ser a catequese da vida nova em Cristo. Em sua opinião: em que os jogos e as atividades recreativas ajudariam nessa orientação catequética? Faça suas anotações no SEU ESPAÇO.

SEU ESPAÇO

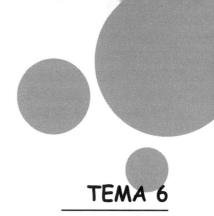

TEMA 6

OS JOGOS

Agrupamos os jogos em três grandes grupos, cada grupo com 20 jogos ou atividades, a saber: os jogos ou atividades predominantemente **Bio**, os jogos ou atividades predominantemente **Psico**, e aqueles outros predominantemente **Social**.

Digo **predominantemente** porque nenhum desses aspectos existirão em estado puro. Porque em toda atividade **Bio** estarão presentes o **Psico** e o **Social**. O mesmo podendo ser dito com relação aos outros dois aspectos: no **Psico** vão estar presentes o **Bio** e também o **Social**. E, no **Social**, estarão presentes o **Bio** e o **Psico**.

A linha divisória desse **predominantemente** às vezes é tão tênue que algumas atividades tanto poderiam estar classificadas em um agrupamento quanto em outro.

Por que, então, dividi-las?

A divisão é **didática**. Tem o propósito de facilitar ao catequista a escolha da atividade que ele vai trabalhar, dependendo das necessidades do grupo (**que podem ser Bio, ou Psico, ou Social**).

1. Nunca dois

Formação: as crianças ficam em círculo. Do lado de fora estão duas crianças. Uma será o **perseguidor** e a outra o **fugitivo**.

Desenvolvimento: sinal dado, inicia-se o jogo. O fugitivo corre com o perseguidor atrás de si. O fugitivo entra no círculo e para diante de qualquer dos participantes. Este, imediatamente, sai correndo, sempre com o perseguidor atrás. Se o perseguidor alcançar o fugitivo os papéis se invertem e o jogo continua.

Final: o jogo termina quando declinar o interesse.

2. Uma casa

Formação: traçam-se no chão tantos quadrados quantos forem os participantes, menos um. Esses quadrados serão as casas. Cada casa é habitada por um morador. No centro traça-se um círculo, onde fica a criança que não tem casa.

Desenvolvimento: ao sinal dado para início do jogo, a criança sem casa tenta apossar-se de uma casa, pois os moradores estão em uma contínua mudança, mas sempre observando a criança sem casa, para que ela não entre em sua casa. O morador que ficar sem casa irá para o centro e o jogo continua.

Final: o jogo termina quando declinar o interesse ou o tempo para a atividade esgotar-se.

3. Quem será o primeiro

Formação: traçam-se duas linhas paralelas à distância de 20 metros. Atrás de uma linha, que será a de partida, ficam todas as crianças e na outra o catequista ou o orientador da atividade.

Desenvolvimento: o catequista diz: "Avançar com o passo de formiga!" As crianças avançam caminhando com um pé junto do outro, com passos bem miudinhos. O catequista dá outra ordem: "Pulando!"— e todos avançam pulando com os pés juntos. O catequista vai variando a maneira de os participantes caminharem; é nessa variação que está o interesse do jogo. Quem não obedecer e continuar com a maneira anterior de caminhar deve retornar à posição de partida e recomeçar.

Final: o jogo termina quando um participante alcançar a linha de chegada. O jogo pode repetir-se enquanto houver tempo e o interesse do grupo estiver em alta.

4. Saltos em linha

Material: duas cadeiras ou bancos.

Formação: dois grupos com o mesmo número de participantes. As crianças formam duas colunas, colocam a mão esquerda sobre o ombro esquerdo do companheiro da frente e, com a mão direita, seguram-lhe o pé direito. À frente, a três metros de cada coluna, está uma cadeira ou banco.

Desenvolvimento: dado o sinal para o início, as colunas se movimentam, saltando sobre um pé só, e dão a volta por trás da respectiva cadeira ou banco, retornando a seu lugar. Realizará bem a tarefa o grupo que chegar primeiro ao ponto de partida e se colocar do jeito que saiu, tendo cometido o menor número de faltas. Constitui falta soltar o ombro ou o pé do companheiro.

Observação: realizar esse jogo entre os catequistas para avaliar bem o grau de dificuldade da atividade que está sendo proposta e ver se, com a faixa etária com a qual você trabalha, é possível que eles possam realizar isso, se estão maduros fisicamente para tal atividade.

5. Corrida aos pares

Formação: crianças em círculo, de mãos dadas, duas a duas, formando pares. Um par fica fora do círculo.

Desenvolvimento: o par que está fora do círculo anda ao redor e toca nos ombros de qualquer outro par, e sai correndo pela esquerda do círculo. O par tocado sairá correndo pela direita. Os dois pares tentam alcançar o lugar vago. O que chegar primeiro ocupa-o. O outro, por sua vez, tocará no ombro de qualquer outro par e prosseguirá o jogo sem interrupção. Durante todo o tempo da corrida os pares permanecerão de mãos dadas.

Final: o jogo termina quando declinar o interesse ou terminar o tempo para a atividade.

6. Bola ao túnel

Material: duas ou três bolas.
Formação: duas ou três colunas com igual número de

58

participantes. Pernas ligeiramente afastadas, formando um túnel.

Desenvolvimento: dado o sinal, a primeira criança de cada coluna passa a bola por entre as pernas a seu imediato. Desse modo todos recebem e passam a bola. Logo que a bola chegue à última criança, esta corre e coloca-se no início da fila e recomeça o jogo.

Final: O partido (coluna) cuja primeira criança a passar a bola estiver novamente no início da coluna terá sido o vencedor, o que melhor desempenhou a tarefa. Aplausos!

7. O caçador

Formação: traçam-se três círculos no chão que serão as tocas. As crianças (as lebres) estão todas numa das tocas. O caçador estará no campo (espaço entre as tocas).

Desenvolvimento: iniciado o jogo, as lebres procurarão mudar de toca, indo cada uma para a toca que quiser. O caçador procurará apanhar o maior número possível de lebres. As lebres que forem apanhadas transformam-se em cachorros que irão ajudar o caçador. Quando o cachorro apanhar uma lebre, deverá gritar para o caçador: "Caçador! Uma lebre!" O caçador irá tocar a lebre, pois só ele pode transformar uma lebre em cachorro. A lebre mais esperta será a que conseguir ficar como lebre até o fim.

Final: o jogo termina quando declinar o interesse ou esgotar-se o tempo para essa atividade.

Atenção: as lebres devem mudar de tocas continuamente.

8. Cabo de guerra

Material: uma corda.

Formação: dividem-se os participantes em dois partidos. Um ficará do lado direito do catequista e o outro do lado esquerdo. Pode-se dar nomes aos grupos.

Desenvolvimento: dado o sinal de início, cada grupo puxará a corda para seu lado.

Final: Vencerá o grupo que conseguir fazer com que todos os companheiros do outro grupo ultrapassem a linha divisória (onde estará o catequista).

Observação: é um exercício de força e desenvolvimento muscular.

9. Ovo (batata) na colher

Material: duas colheres, duas batatas ou ovos, dois obstáculos.

Formação: duas equipes com o mesmo número de participantes em fila, atrás da linha de partida, a 10 metros do obstáculo. O primeiro de cada fila terá o cabo da colher entre os dedos e nela a batata.

Desenvolvimento: dado o sinal, o primeiro da fila – de cada fila – sai caminhando ou correndo ou do jeito que achar melhor, contorna o objeto que serve de obstáculo e entrega a colher ao segundo. Este repete a mesma ação, e assim por diante.

Final: Realizará a tarefa a equipe cujo primeiro corredor estiver novamente sobre a linha de chegada. Aplausos para os vencedores.

Observação: se a batata ou ovo cair no chão durante o trajeto, o corredor deve voltar ao início e recomeçar a caminhada.

10. Andar de ré

Formação: os participantes formam grupos de três, de mãos dadas; as duas da extremidade voltadas para a frente e a do meio de costas. Traçam-se duas linhas paralelas, numa distância de aproximadamente 20 metros. Uma será a linha de partida e a outra a linha de chegada. Todos os grupos ficam atrás da linha de partida.

Desenvolvimento: dado o sinal, os grupos partem em direção à linha de chegada. É proibido à pessoa do meio voltar-se para a frente. O grupo em que a pessoa cair ou voltar-se para a frente retorna à linha de partida e recomeça tudo novamente.

Final: é proclamado vencedor o trio que atingir primeiro a linha de chegada. Aplausos.

11. Tapete

Material: duas folhas de jornal para cada participante.

Formação: traçam-se duas linhas paralelas a uma distância de 10 metros uma da outra. Uma será a linha de partida e a outra de chegada. Os participantes estão a postos na linha de partida, cada um tendo nas mãos as duas folhas de jornal.

Desenvolvimento: cada participante tentará alcançar a linha de chegada pisando sobre os jornais. Para isso terá de removê-los a cada passo dado. Ele só poderá caminhar sobre o jornal. Quem rasgar o jornal retorna à linha de partida e recebe novos jornais, recomeçando.

Final: será proclamado(a) vencedor(a) quem chegar à linha de chegada primeiro. Aplausos.

12. Beliscador

Formação: as crianças formam um semicírculo. Terão a sua retaguarda, a uma distância de 20 metros, o pique, e a sua frente, distante três metros, um jogador escolhido por sorteio: o capitão.

Desenvolvimento: dado o sinal de início, o capitão vai andando para a frente, devagarinho, sem olhar para trás, ao mesmo tempo em que o jogador de um dos extremos dá um leve beliscão no braço do segundo. Este, por sua vez, no braço do terceiro. E assim por diante até que o último jogador beliscado dá um grito, sendo imitado pelos demais. Nesse momento os jogadores debandam perseguidos pelo capitão. Os que forem agarrados antes de atingir o pique ficarão chocos. Se for um número muito grande de participantes, poderá haver dois ou mais capitães.

Final: terminará o jogo quando todos os jogadores ficarem chocos. Será considerado vencedor o último capitão.

Nota: deve-se marcar o lugar onde deverão ficar os jogadores "chocos".

13. Caçada

Formação: nos quatro cantos de um quadrado de 15x15m, traçam-se os **"currais"** e num dos lados do mesmo a **prisão**.

Um dos jogadores será escolhido para ser o caçador, e os demais, divididos em quatro grupos de igual número, recebem, cada grupo, o nome de um animal. O caçador permanece entre os currais e os vários bichos dentro de um curral qualquer. **Desenvolvimento:** dado o sinal de início, o caçador grita o nome de um bicho e todos os representantes dessa espécie devem correr para um curral vazio. O caçador vai persegui- -los. Quem for apanhado vai para a prisão. Assim procederá o caçador até que os três currais vazios fiquem ocupados. Uma vez ocupados os currais, o caçador chamará duas espécies de bichos que deverão trocar de currais. Nesse momento procurará prendê-los. **Final:** será considerado vencedor o grupo que conservar o maior número de jogadores, após determinado tempo.

Nota: jogo ideal para um dia de lazer, em local amplo e aberto, em vista das distâncias pedidas.

14. O caçador, o pardal e a abelha

Formação: todos os jogadores, exceto três, constituindo todos subgrupos de três, formam uma roda e ficam de mãos dadas. Aqueles três jogadores livres, um fica sendo o caçador, o outro o pardal e o terceiro a abelha, e permanecem na parte externa do círculo, separados um do outro por espaços iguais.

Desenvolvimento: dado o sinal de início, o caçador sai em perseguição ao pardal, mas deve fugir da abelha. O pardal persegue a abelha, mas deve fugir do caçador, correndo por dentro ou por fora do círculo. Quando um dos jogadores capturar sua presa, três novos jogadores serão escolhidos para caçador, para pardal e para abelha, e o jogo continuará.

Final: terminará o jogo quando todas as crianças desempenharem o papel de caçador ou se esgotar o tempo previsto para o jogo.

15. Cara ou careta

Formação: os participantes formarão duas fileiras, dorso a dorso, ficando todos sobre a linha que divide o campo em duas zonas: "cara" e "careta". Cada partido terá diante de si o pique, representado por uma linha de giz ou cal, a uma distância de 10 metros.

Desenvolvimento: ao grito de "cara" ou "careta", dado pelo catequista, os jogadores do campo designado correrão para o pique, perseguidos pelos adversários, sendo colocados em local especial os que forem apanhados (chocos). Os restantes se colocam novamente na posição inicial à espera de uma nova ordem. O catequista poderá gritar também 'cara e careta' caso em que todos os jogadores deverão ficar imóveis, sendo colocados "chocos" aqueles que partirem.

Final: terminará o jogo quando um dos campos não tiver mais jogadores, cabendo a vitória ao adversário.

16. Colmeia

Formação: crianças dispostas em duas colunas (ou mais conforme a quantidade). Ao último jogador de cada coluna entrega-se um bastão.

Desenvolvimento: dado o sinal de início, as duas crianças portadoras dos bastões saem correndo pela direita, contornam a coluna, voltam a seu lugar e entregam o bastão ao companheiro da frente. Assim procedem todos os demais participantes até chegar o bastão ao primeiro jogador da coluna.

Final: será considerado vitorioso o partido cujo último corredor voltar à frente de sua coluna, levantando o bastão acima da cabeça, em primeiro lugar.

17. Corrida de toque

Formação: crianças divididas em dois grupos ou mais, dependendo do espaço e da quantidade de participantes, dispostas em fileiras, uma ao lado da outra, separadas pelo espaço de três metros.

Desenvolvimento: quem estiver no comando nomeia um objeto distante uns 20 metros mais ou menos. A um sinal dado, os jogadores correm para o objeto citado, tocam--no e voltam a suas posições na fileira. Exemplo: o catequista dirá — trave! porta! árvore! parede! (poderá também ficar ao lado de uma bola e, de repente, atirando-a, gritar: bola! Outras vezes o catequista poderá gritar "eu" e sairá correndo). Após terem tocado no objeto pedido, as crianças devem voltar a suas posições iniciais. Ao grupo que fizer a tarefa em primeiro lugar serão conferidos dois pontos.

Final: será considerado vencedor o grupo que fizer seis pontos em primeiro lugar.

Observações:
a) para que o desenvolvimento do jogo se processe sem falhas é de vantagem destacar, junto ao objeto que deve ser tocado, um juiz que verificará se todas as crianças tocaram ou não no objeto indicado.

b) a falta de toque, mesmo de um só jogador, acarretará a perda de pontos para o grupo, ainda que este se forme em primeiro lugar na posição inicial.

18. Fechar a porta

Formação: os jogadores estarão de mãos dadas, formando um círculo, exceto um que ficará de fora.

Desenvolvimento: dado o sinal de início, o jogador que está fora correrá em redor do círculo e baterá nas costas de um companheiro. Este, ao receber o toque, abandona o lugar: "porta aberta", e sai correndo em sentido contrário ao primeiro. Ambos correrão com o objetivo de atingir o lugar vago, para "fechar a porta". O jogador que não conseguir "fechar a porta" continuará correndo e repetirá a ação do iniciante.

Final: o jogo termina quando declinar o interesse ou esgotar-se o tempo da atividade.

19. A raposa e os ovos coloridos

Formação: uma criança será a raposa. Uma outra será o dono do armazém. Os demais participantes serão os ovos. Cada "ovo" escolherá uma cor. Não há problema se a cor for repetida.

Desenvolvimento: a raposa se aproxima do dono do armazém que conversa com ela, perguntando o que ela deseja. A raposa responde dizendo que quer alguns ovos. O dono do armazém pergunta qual a cor dos ovos que ela quer. Caso ela peça uma cor que algum "ovo" escolheu, o ovo em questão deverá sair correndo e a raposa irá atrás, para pegá-lo. Caso seja uma cor não escolhida, o dono do armazém responderá que infelizmente ovo daquela cor ele não tem hoje.

Final: o jogo termina quando declinar o interesse ou o tempo para a atividade esgotar-se.

Observação: quando a raposa pegar o ovo, trocam-se os papéis: novo dono do armazém, nova raposa (permita que escolham livremente).

20. O gato está dormindo

Formação: traça-se um círculo no chão e marcam-se os lugares (são tantos lugares quanto crianças participantes). Uma criança vai sobrar, que ficará deitada ou de pé no centro do círculo e fingirá que está dormindo. Será o gato. As outras crianças dispersam-se à vontade.

Desenvolvimento: dado o sinal de início, os jogadores dispersos vão provocar o gato. De repente ele acorda e procura ocupar um lugar no círculo, no que será imitado pelos demais. Conseguindo-o, será substituído pela criança que ficar sem lugar. Caso contrário, repetirá a ação desenvolvida.

Final: o jogo termina quando o gato consegue pegar para si um lugar no círculo. O jogo pode continuar enquanto durar o interesse ou houver tempo para a atividade.

1. A viagem da titia

Formação: os participantes estarão sentados em círculo.

Desenvolvimento: o animador (catequista) começa: "Minha tia chegou de viagem e trouxe um rádio". O seguinte, à direita ou à esquerda (como quiserem determinar), diz: "Minha tia chegou de viagem e trouxe um rádio e um livro". O seguinte diz: "Minha tia chegou de viagem e trouxe um rádio, um livro e uma bolsa". E assim sucessivamente, até que alguém esqueça ou altere a sequência; quem errar ajudará a verificar os erros (ajudará o animador).

Final: o jogo durará enquanto perdurar o interesse do grupo ou o tempo disponível.

Observação: estão em jogo a **atenção**, a **memória**, e a **linguagem oral**. São os elementos que estamos trabalhando com essa atividade.

2. Jacó e Raquel

Material: campainha, ou latinha com pedrinhas ou um apito.

Formação: os participantes, de mãos dadas, formam um círculo. Jacó, com os olhos fechados, e Raquel, com uma campainha (apito ou latinha com pedras), ficam dentro da roda.

Desenvolvimento: Jacó, de olhos fechados, tenta pegar Raquel que, constantemente, sem parar, toca a campainha. Quando Raquel for alcançada, os dois escolherão seus substitutos e voltarão para o círculo.

Observação: Aqui estamos trabalhando o **senso de orientação, a coragem e a acuidade auditiva.** Não vende os olhos das crianças durante essa atividade. Você simplesmente vai pedir que fechem os olhos.

3. Adivinhe quem é?

Formação: todos os participantes formam um círculo. Uma criança no centro com os olhos fechados.

Desenvolvimento: uma criança sai do círculo, a um sinal dado pelo animador (catequista ou instrutor) e pega na orelha ou cabelo da que está no centro da roda. E todos perguntam ao mesmo tempo: "Adivinhe quem é?". Se a criança que está no centro adivinhar, a que foi identificada vai para o centro, continuando o jogo.

Final: o jogo continua enquanto perdurar o interesse ou tiver tempo para tal atividade.

Observação: a atividade objetiva treinar a percepção.

4. Colheita no escuro

Material: uma mala e 10 objetos quaisquer.

Formação: um espaço bem delimitado. Espalham-se os objetos a serem recolhidos. A criança os observa muito bem. Depois fecha os olhos. A mala será colocada em um dos cantos da sala depois que a criança fechar os olhos.

Desenvolvimento: dado o sinal de início, a criança procura recolher o maior número de objetos espalhados para colocá-los dentro da mala, que deverá descobrir onde está.

Passados três minutos, a criança, agora de olhos abertos, conta quantos objetos conseguiu colocar na mala, e este será seu número de pontos. Outra criança vai tentar fazer a tarefa, só que os objetos são trocados de lugar, mas o procedimento é como anteriormente.

Final: quando todos tenham passado pela experiência ou declinar o interesse.

Observação: estamos trabalhando o sentido de observação, de orientação, de atenção...

5. Zigue-zague

Material: 10 ou mais garrafas de plástico.

Formação: as garrafas são alinhadas com um intervalo de 50 centímetros entre uma e outra.

Desenvolvimento: o animador pede à primeira criança (primeira da fila) que feche os olhos e leva-a até à primeira garrafa. O jogo consiste em passar em zigue-zague entre as garrafas, sem derrubá-las. A criança que tocar com um pé, mesmo sem derrubá-la, será eliminada, o mesmo acontecendo se deixar de passar por alguma garrafa. Quem conseguir passar por todas as garrafas sem cometer infração será o vencedor. Quando houver empate, deve haver nova disputa entre os empatados, diminuindo o intervalo entre as garrafas.

Final: reflita com suas crianças: Deus nos elimina quando erramos? Ele dificulta nossos caminhos? (e outras questões que possam aparecer...).

6. A tesoura

Material: uma tesoura.

Formação: os participantes estarão sentados em círculo.

Desenvolvimento: o catequista mostra a tesoura ao grupo e diz que ela poderá estar "fechada", "aberta", ou "cruzada" ao ser entregue a qualquer pessoa do círculo. Na verdade o que importa não é a tesoura na hora em que é passada para o participante do jogo e sim como a pessoa que recebe a tesoura tem as pernas, ou seja, as pernas dele podem estar abertas, fechadas ou cruzadas. O objetivo do jogo é que os participantes percebam isso sem que ninguém fale ou comente. Quem descobrir passará a ajudar o catequista, dizendo se a tesoura está aberta, fechada ou cruzada. A frase que será dita ao passar a tesoura será: esta tesoura está **aberta** (caso as pernas de quem recebe estejam abertas), ou **fechada** ou **cruzada** (conforme a posição das pernas).

Observação: O objetivo da atividade é desenvolver a atenção e a observação.

7. Analogias

Formação: participantes sentados em círculo ou de uma maneira que todos possam se ver com facilidade.

Desenvolvimento: cada participante dirá seu nome e um **animal** com o qual se identifica, ou que gostaria de ser, e por que se identifica com ele.

Variáveis: nomes de frutas, comida, cores, aves, flores etc.

Observação: são objetivos desta atividade uma apresentação descontraída e uma oportunidade de conhecimento da personalidade e do jeito de ser de cada um.

8. Festa de arromba

Formação: participantes sentados em círculo.

Desenvolvimento: o catequista pede a atenção do grupo e diz que todos foram convidados para uma festa que será muito boa e divertida. Para se entrar em tal festa é preciso levar o traje apropriado. Vamos ver quem vai à festa?

O catequista inicia o jogo dizendo: eu vou à festa usando... (e diz uma peça do vestuário da pessoa que está a sua direita)... Salto alto, fita no cabelo, triste, alegre, tudo isso conforme observar na pessoa a sua direita. Mas será escolhida apenas uma só coisa de cada vez, por rodada. Só vai entrar na festa quem descobrir que o segredo é ir com alguma coisa da pessoa de sua direita.

Observação: no decorrer da dinâmica o catequista perguntará se alguém já descobriu por que tem gente entrando na festa e tem gente que não. Quem descobrir ajudará o catequista a dizer se entra na festa ou não. Pode ser não só a pessoa da direita como a da esquerda, saltar dois etc.

Objetivos: desenvolver a atenção, a observação, além do lazer e da recreação que o momento pode propiciar.

9. Complete as frases

Formação: participantes sentados normalmente no local do encontro.

Desenvolvimento: o catequista distribui as frases entre os participantes, preparadas com antecedência, e explica que deverão completá-las verbalmente como e com o que estiverem sentindo no momento e que dê sentido à frase.

Exemplos de frases:
— às vezes me acontece tanta coisa...
— meu ideal é...
— quando estou magoado...
— minha maior esperança...
— quando tenho algo a dizer...
— tenho medo de...
— diante de alguém agressivo fico...
— quando estou sozinho geralmente...
— gosto de pessoas...
— quando estou preocupado(a)...
— quando alguém sofre sinto...
— neste momento estou me sentindo...
— consegue-se isso quando...
— sinto-me bem no grupo quando...
— desconfio de alguém quando...
— à medida que o tempo passa...
— o que mais me irrita...
— o que mais gosto na catequese...
— o acontecimento que muito me ajudou...
— gostaria tanto que...
— quando vejo injustiça...
— o que mais admiro no ser humano...
— eu me julgo um pouco...
— as normas sociais me fazem sentir...

Objetivos: desenvolver a linguagem oral e a atenção, assim como promover um pouco mais o conhecimento dos membros do grupo.

10. Adivinhe quem vem à festa

Formação: participantes sentados normalmente no local do encontro e alguém de pé, diante do grupo.

Desenvolvimento: quem estiver de pé diante do grupo deverá pegar uma ficha com nome de pessoas do mundo artístico, esportivo, religioso, político, educativo, paroquial, escolhidos pelo catequista e também sugeridos pelos participantes. Ao pegar a ficha fará o gesto que identifique essa pessoa e os colegas tentarão descobrir quem seja. O que acertar irá pegar sua ficha e dar continuidade ao jogo. Aos nomes de pessoas podem-se também colocar animais, profissões, e outras coisas de interesse do grupo e da catequese...

Objetivos: além dos conhecimentos gerais, treinam-se a atenção, a observação e a agilidade de reação.

11. Minivoleibol

Material: corda e bexigas, bisnagas, para cada participante.

Formação: num campo delimitado, que pode ser uma quadra de vôlei, dividida ao meio por uma rede a uma altura de um metro e meio (pode ser uma corda).

Desenvolvimento: os participantes, divididos em dois grupos de números iguais de participantes e cada um com sua bisnaga. A um sinal dado, cada equipe tentará fazer sua bola ultrapassar a rede do campo adversário. O objetivo é mandar o maior número possível de balões para o campo do adversário, pois ao sinal do catequista ninguém mais poderá mandar seus balões. Contam-se, então, quantas bolas tem cada campo. Vence o partido que tiver mais balões no campo do adversário.

Observação: os grupos serão orientados para fazerem passar os balões por cima da corda ou rede.

São objetivos desta atividade a vivência e o óculo-manual...

12. O sinaleiro

Material: 3 cartões: um verde, um amarelo e um vermelho.

Formação: participantes espalhados normalmente diante do catequista.

Desenvolvimento: o catequista explica que o cartão verde significa "andando". O amarelo significa "atenção" e o vermelho "pare". Os participantes vão se comportar conforme são mostrados os cartões. Quem não obedecer prontamente ao sinal de comando dos cartões deverá ficar "de molho" até que seja substituído por outro infrator.

São objetivos desta atividade a coordenação motora, a criatividade, a atenção, a observação...

13. Pontos cardeais

Formação: participantes espalhados pelo local do jogo, mantendo uma distância entre eles de mais ou menos um metro. E estarão voltados para o catequista.

Desenvolvimento: o catequista deverá estar em um local bem destacado para que todos possam vê-lo. Orientará ao grupo dizendo que deverão caminhar para a direção que seu braço apontar. Além de apontar, o catequista poderá falar: norte, sul, leste, oeste; ou então direita, esquerda, para frente, para trás.

No decorrer da atividade pode-se acrescentar "para cima" (um salto para o alto), e também "para baixo" (assentados). Para complicar um pouco mais a atividade e torná-la mais emocionante pode-se trocar a ação psicomotora: "Agora vamos fazer o contrário: quando eu apontar para a direita todos devem caminhar para a esquerda, e assim os outros comandos estarão também ao contrário".

São objetivos desta atividade a lateralidade e a coordenação.

14. Teste de observação

Formação: os participantes sentados à vontade no local do encontro.

Desenvolvimento: pede-se a um participante qualquer que se coloque diante de seus colegas durante um minuto ou menos. Essa pessoa se retira e muda cinco coisas em sua aparência: na roupa, no cabelo, nos sapatos, retornando logo em seguida para diante do grupo que deverá descobrir quais alterações foram feitas. A criança que fez a mudança escolhe uma outra para continuar o jogo.

Um bom teste de observação e de atenção. O jogo termina quando declinar o interesse.

15. Não deixe cair!

Material: um prendedor de roupa e um pote grande, de boca larga.

Formação: os participantes estão à vontade no local do encontro.

Desenvolvimento: faz-se um desafio para os participantes: quem será capaz de conduzir um prendedor de roupa sobre o nariz, tendo a cabeça para trás e deixar o prendedor cair dentro do pote, voltando a cabeça vagarosamente para a frente até que o prendedor caia. Não vale colocar as mãos. A atividade termina quando declinar o interesse ou todos já tenham ido fazer sua tentativa.

16. Estátuas de sal

Formação: os participantes estão dispostos sobre uma linha traçada no centro do campo de jogo. E a uma distância de 20 metros encontra-se um jogador.

Desenvolvimento: dado o sinal de início, o jogador em destaque contará rapidamente até um número menor que dez, enquanto os outros avançam, andando ou correndo, com o objetivo de alcançá-lo. Este, interrompendo a contagem, se voltará para os colegas, que deverão parar sem serem vistos em movimento. Os que forem apanhados se movendo devem voltar à linha de partida, para recomeçar. Os outros ficarão no lugar em que tiverem parado e continuarão procedendo de modo idêntico ao início do jogo. O mesmo jogador continuará a contar, procedendo sempre da mesma forma até que um dos parceiros, tocando-o, o substitua.

Final: o jogo termina quando um dos parceiros tocar o jogador destacado. Pode-se repetir enquanto houver interesse do grupo que está jogando.

17. Passagem dos saquinhos

Formação: os participantes estarão assentados no chão, formando dois partidos, em duas fileiras que ficarão frente a frente. Junto ao participante da extrema direita de cada fileira estarão empilhados 6 saquinhos de areia.

Desenvolvimento: dado o sinal de início, a pessoa próxima aos saquinhos apanha-os um por um, com a mão esquerda, e passa-os a seu vizinho. Este procederá da mesma forma e assim sucessivamente até o saquinho chegar ao último jogador que irá empilhando a seu lado. Mas, ao receber o último saquinho, deverá devolvê-lo com a mão direita, ao companheiro da direita. Este ao seguinte e assim sucessivamente.

Final: será vencedor o partido cujo jogador inicial empilhar todos os saquinhos em primeiro lugar.

Com esta atividade estaremos trabalhando a lateralidade, a atenção, o coleguismo, a união do grupo...

Cada grupo ou partido terá um juiz de passagem. Ele irá observar se as regras são cumpridas. Caso algum participante cometa uma falta, o grupo deverá recomeçar do ponto de partida. Considera-se falta: deixar o saquinho cair, ou que ele seja jogado e não passado de mão em mão.

18. Pisca-pisca

Formação: os participantes formarão dois círculos concêntricos. Todos estarão voltados para o centro dos círculos. A cada elemento do círculo de fora corresponderá um par no círculo de dentro. Estarão, pois, dois a dois...Um grupo estará distante do outro mais ou menos um metro. Um jogador ficará sem par e será o pisca-pisca.

Desenvolvimento: dado o sinal de início, o pisca-pisca pisca um olho a um dos jogadores do círculo interno, chamando-o para ser seu parceiro. O jogador do círculo externo procurará evitar a fuga de seu par, tocando-o. Aquele que não conseguir, focará impar e, portanto, o pisca-pisca.

Final: o jogo termina quando declinar o interesse ou terminar o tempo previsto para essa atividade.

Com essa atividade estaremos trabalhando a atenção, o coleguismo, a rapidez das reações e o entrosamento do grupo.

19. Corredor equilibrista

Material: copos descartáveis e água.

Formação: os participantes estarão à vontade sobre uma linha traçada no chão, que será o ponto de partida.

Desenvolvimento: cada participante terá nas mãos um copo descartável com água. O catequista, antes de dar a voz de comando para iniciar o jogo, deverá dizer o que será feito. Sugestões: correr até um local determinado; subir e descer escadas; sentar e levantar; andar de costas; andar na pontinha dos pés; andar agachados etc.

Trabalha-se nesta atividade o equilíbrio, a rapidez de reação e a coordenação motora.

20. Mais palavras

Material: giz e uma lousa onde se possa escrever.

Formação: os participantes estarão dispostos em dois ou mais grupos.

Desenvolvimento: o catequista dirá: "Nesta atividade vamos lembrar de nomes de cidades, de regiões, de acidentes geográficos, de pessoas, que aparecem na Bíblia". Você pode pedir outras coisas que não sejam estritamente religiosas...

A um sinal dado, uma pessoa do primeiro grupo irá à lousa e escreverá uma palavra; em seguida outra pessoa irá à lousa e escreverá outra palavra que comece com a última letra da palavra anterior. E assim sucessivamente, todos irão passando e escrevendo dentro do que foi pedido.

Final: a atividade termina quando todos tenham passado e escrito sua palavra.

Esta atividade desenvolve o vocabulário (em nosso caso bíblico) assim como torna possível avaliar um pouco o conhecimento de seu grupo sobre o assunto proposto.

1. Os gulosos

Formação: as crianças formam um círculo. Muitas balas no centro do círculo. Cada criança recebe, em segredo, o nome de um animal; porém, várias recebem o mesmo nome.

Desenvolvimento: o dirigente chama o nome de um animal. A criança que recebeu esse nome sai correndo e pega uma bala. E assim por diante. Quando restarem poucas balas, o dirigente chama o nome do animal que a maioria recebeu. Todos os que tiverem esse nome se lançarão sobre as balas.

Final: será uma enorme confusão e você deverá prestar bastante atenção para controlar qualquer princípio de indisposição em seu grupo de crianças. Comece a refletir com seu grupo valores tais como a partilha e o respeito uns pelos outros, o que provavelmente não aconteceu e que se torna necessário fazer o grupo perceber. Conduzir o grupo para a divisão mais igualitária das balas em questão. Por isso é interessante avisar que ninguém poderá chupar as balas antes que o catequista converse com o grupo. Você precisará de bastante jogo de cintura para ajudar seu grupo a encontrar caminhos fraternos e superar qualquer rancor ou decepção com os colegas. Você encontrará crianças que de bom grado aceitam dividir as balas que pegou e outras não. Essa atividade pode dar muita chance para o grupo conversar bastante sobre como nosso mundo está estruturado e normalmente funciona.

2. O rabo do cavalo folgado

Material: você deve preparar o desenho do cavalo, bem bonito. O rabo solto. Bem caprichado.

Formação: Crianças sentadas à vontade.

Desenvolvimento: a criança que for colocar o rabo no cavalo se coloca a uma determinada distância do desenho do cavalo, que estará fixado na parede. Com o rabo do cavalo nas mãos, a criança vai calcular a distância e o que precisará fazer para fixar o rabo no cavalo folgado. Convide a criança para que feche os olhos e realize a tarefa.

Final: Quem conseguiu fazer a tarefa e como. Quais as dificuldades de fazer uma ação com os olhos fechados. Tiveram medo de caminhar? É ruim fazer as coisas sem ver? Como é isso de viver na escuridão?

3. Feijões ambulantes

Material: quatro pratos e quantidades iguais de feijões para os dois partidos que irão se formar.

Formação: as crianças se dividem em dois partidos (dois subgrupos), com igual número de participantes cada um, que ficam alinhados, mantendo a mesma distância entre um e outro. Numa das extremidades de cada grupo colocam-se os pratos vazios, e na outra os pratos com feijões.

Desenvolvimento: dado o sinal de início, a primeira criança de cada grupo, onde está o prato com feijões, pega UM FEIJÃO por vez e passa para seu colega ao lado, e este ao outro até o último, que então coloca o feijão no prato vazio a seu lado. O feijão passará de mão em mão. Não se pode pular pessoas do grupo e nem passar mais de um grão de feijão de cada vez. Se o grão cair no chão deve ser recolhido e passado adiante.

Final: vence o grupo que mais rapidamente transportar todos os feijões e tiver menos faltas.

Observação: essa atividade trabalha a coordenação motora fina, a agilidade, a atenção e a sociabilidade. Por isso podemos situá-la aqui.

4. O canudinho

Material: cada participante receberá um canudinho (desses de beber suco ou refrigerantes) de cores variadas, conforme são variados nossos dons.

Formação: dois partidos (ou mais conforme o número de participantes) de números iguais, lado a lado, mantendo uma distância entre os dois grupos e diante deles, a aproximadamente 10 metros, diante de cada grupo, um círculo marcado no chão, feito a giz.

Desenvolvimento: dado o sinal de início do jogo, o primeiro de cada fila sai, coloca seu canudinho dentro de seu círculo, volta e toca no companheiro seguinte (que só poderá sair quando receber o toque) e vai para o final da fila. O que foi tocado procede da mesma maneira, deixando seu canudinho dentro do círculo e, voltando, toca no companheiro seguinte, indo para o final da fila. E assim sucessivamente todos vão deixando seu canudinho e indo para o fim da fila. Depois que todos colocaram seu canudinho, chega novamente a vez de quem foi o primeiro, que vai ao círculo, recolhe todos os canudinhos e volta entregando um canudinho para cada colega. E todos deverão formar uma figura geométrica, unindo todos os canudinhos. **Final:** Todos os grupos deverão formar a figura, sem exceção. Posteriormente será proclamado vencedor quem terminar sua tarefa de forma melhor, não primeiro. Os canudinhos deverão ser colocados um dentro do outro nas pontas. É preciso muita paciência para isso e é essa paciência que será valorizada (e a coordenação motora adequada decorrente desta atividade). Depois você pode refletir com seu grupo aquele texto da carta de São Paulo aos Coríntios (1Cor 12,4-6).

5. Estátua de pedra

Formação: participantes espalhados num espaço determinado.

Desenvolvimento: todos caminharão à vontade pelo local e o catequista sugerirá tipos para que os participantes possam imitar. Exemplo: agora, sermos estátuas de cara feia! Nesse momento todos deverão imitar uma cara feia, parados. E assim sucessivamente: cara brava, triste, cansada, com fome, legal, alegre etc.

83

Entendemos como objetivos desta atividade a criatividade, a rapidez de reação, a descontração do grupo (quebra-gelo).

6. Espelho maroto

Material: um bambolê ou um arco de ginástica.

Formação: participantes divididos em dois grupos de igual número.

Desenvolvimento: um grupo ficará de posse do arco, espalhado pelo local da atividade. Quem estiver com o arco deverá colocá-lo como se fosse uma moldura para seu corpo, como num quadro ou fotografia. O grupo que estiver sem o bambolê ou arco passará em frente a cada "espelho" e imitará todas as caretas, gestos e movimentos que o "espelho" fizer. Depois que todos passarem em todos os espelhos, trocam-se as funções. Alertar para o fato de que o "espelho" é mudo. Somente gestos, silenciosamente.

7. Cabra-cega

Formação: participantes espalhados pelo local que será bem reduzido (meia quadra) e com duas crianças de olhos fechados que serão as cabras-cegas.

Desenvolvimento: dado o sinal e sem sair do espaço marcado, os participantes deverão fugir das cabras-cegas. Quando forem apanhados de 2 a 5 participantes, trocam-se as cabras-cegas, por quem não foi apanhado ainda e voltam as que estiverem fora, de "molho"(que foram apanhadas).

Estão em jogo nesta atividade, entre outras coisas, o espaço-temporal, a coordenação motora. Além da descontração do grupo.

8. Os mecânicos

Formação: os participantes estarão espalhados pelo local da atividade. Alguém do grupo será destacado para ser o **inspetor**, que deverá supervisionar o trabalho de todos.
Desenvolvimento: todos estarão numa oficina de carros. Todos imaginarão qual serviço será feito nessa oficina: trocar pneus, consertar pneus, trocar o óleo, revisar o motor, lavar o carro, instalar o som, pintar a lataria. Aquele que estiver parado, sem nada fazer, será advertido pelo inspetor. Depois de certo tempo troca-se o inspetor.
Percebe-se ser a criatividade um dos objetivos desta atividade.

9. Caçadores de rabinhos

Formação: participantes espalhados pelo local da atividade.
Desenvolvimento: cada participante terá um rabinho (feito de jornal, pano ou camiseta). Prende-se o rabinho no calção, calça ou bermuda e convidam-se os participantes para que tirem o rabinho dos colegas. Só que não podem deixar que tirem o seu. Após tirar o rabinho do colega, joga-o ao chão para que seu dono possa recolocá-lo novamente.
Entram em jogo nesta atividade a coordenação motora e a criatividade, ao mesmo tempo que se cultivam as relações amistosas dentro do grupo, promovendo uma grande descontração e quebra de tensões.

10. Cão de guarda

Material: arcos, pneus, latas, saquinhos de areia, bolas etc.

Formação: os participantes estarão em um espaço limitado, por exemplo, uma quadra de vôlei ou futebol de salão (espaço semelhante). Um dos participantes será o cão de guarda.

Desenvolvimento: marca-se o centro do espaço do jogo, traçando uma linha divisória e sobre ela estarão alguns arcos ou pneus com algumas latas, saquinhos, bolas etc. dentro deles. Os demais participantes serão os ladrões que tentarão tirar os objetos dentro dos arcos ou pneus, sendo que o cão tentará impedi-los. Os que forem tocados pelo cão passam a ser cães. A atividade termina quando todos os objetos forem roubados ou todos forem apanhados pelos cães.

Entram em cena nesta atividade o espírito de equipe e a reação na ação, iniciativa e agilidade.

11. Corrente

Formação: participantes espalhados dentro de um espaço determinado e restrito.

Desenvolvimento: um dos participantes será designado para ser o pegador. Quando pegar alguém, eles dão-se as mãos e assim correm para pegar os outros, sem soltar as mãos. E assim procurarão apanhar todos. Somente aqueles que estão nas extremidades é que poderão apanhar os demais. Quando tiver oito pessoas na corrente, os próximos apanhados formarão outra corrente. O último a ser apanhado será o pegador na próxima vez.

Destacam-se nesta atividade o espírito de equipe, a iniciativa, a coordenação motora e a agilidade.

12. Aqui não, seu lobo!

Formação: participantes espalhados pelo local da atividade; escolhem-se entre eles dois ou três lobos. Eles serão os perseguidores.

Desenvolvimento: os lobos, que estarão em locais bem distantes uns dos outros. A um sinal dado, inicia-se a perseguição. Para não serem apanhados pelos lobos, os demais devem buscar refúgio em lugares altos (bancos, cadeiras, árvores), dizendo: "Aqui não, seu lobo!" Os que forem apanhados serão lobos. A atividade termina quando o número de lobos for maior que o dos perseguidos. Do grupo dos que não foram apanhados escolhem-se outros lobos e o jogo continua.

Estão em jogo, nesta atividade, a vivência em grupo, a agilidade e a atenção.

13. Eu vou ali e volto já

Formação: os participantes estarão de pé, bem à vontade, diante do catequista.

Desenvolvimento: o catequista começa a cantar: "Eu vou ali e volto já!" Os catequizandos respondem: "Eu vou pegar maracujá!" O catequista cantarola: "Laranja madura que dá semente!" Os catequizandos respondem: "Moça (rapaz) que casa com a gente". Em seguida, mantendo o mesmo ritmo, o catequista vai sugerindo atividades a serem executadas, tais como: "Eu vou correr, eu vou correr!". Os catequizandos respondem o mesmo, cantando, e só depois de responder é que executam..

"Eu vou pular, eu vou pular..."com as possíveis variáveis: chorar, cantar, assobiar, dirigir, buzinar, gritar, parar, dormir, roncar, falar baixinho, andar como gigante, andar como saci, anão, criança...

A atividade visa promover a integração social.

14. A proposta

Formação: os participantes estarão sentados em círculo, no chão.

Desenvolvimento: o catequista faz a proposta: "Você sabe os nomes dos colegas aqui nesta rodinha?" E quais são? Todos terão a chance de falar, sendo um de cada vez.

Esta atividade pode ser feita através de música. Coloque uma musiquinha conhecida no que segue: atenção, concentração! o "fulano" (nome da criança que se dispôs a dizer os nomes) vai falar os nomes dos colegas...

A cada nome pronunciado pela criança batem-se palmas três vezes...

A atividade tem o propósito de identificar os nomes conhecidos e conhecer novos nomes...

15. História maluca

Material: folha branca, lápis ou caneta, local onde se possa escrever.

Formação: os participantes estarão divididos em grupos.

Desenvolvimento: distribuir uma folha em branco a cada grupo. Em seguida pedir que se dê um título para a história. Aí quem estiver com a folha iniciará a escrever a história. A um sinal dado pelo catequista, quem estiver com a folha interromperá o que estiver escrevendo e passará a folha para o participante seguinte, que continuará a escrever a história sem ler o que o anterior escreveu. E assim todos vão escrevendo até que todos tenham participado. Terminadas as histórias malucas, elas serão lidas para o grupão. No final todos conversarão sobre a experiência feita.

Percebe-se que a atividade objetiva integrar as ideias das pessoas do grupo, desenvolver a escrita e a criatividade.

16. Observação e expressão

Formação: participantes sentados à vontade.

Desenvolvimento: a um catequizando se mostra uma ficha com o nome da expressão que ele tentará passar para os colegas que o observarão e tentarão descobrir o que ele está expressando.

Sugestões para as fichas: ouvir, chamar, sair, procurar, aquele, frio, silêncio, dor, cansaço, ou ainda: decepção, amor, ansiedade, raiva, medo, surpresa, desprezo, mal-estar...

A atividade em questão pretende trabalhar a comunicação e a facilidade de expressão.

17. Tic-tô

Material: giz e quadro (lousa) onde se possa escrever.

Formação: crianças sentadas em seus lugares no local da catequese e um colega fora dele.

Desenvolvimento: o catequista, recolhendo sugestões de seus catequizandos, escreve na lousa **um verbo** e que será apagado em seguida, para que a criança que saiu não leia.

Ao entrar a criança começará a perguntar aos presentes:

você tic-tô hoje? O que você usa para tic-tá? Todo o mundo faz isso? Quando você gosta de tic-tá? E assim sucessivamente na tentativa de descobrir o verbo. A pergunta deverá ser feita a alguém especificamente, não ao grupo. Quem for apontado para responder dará sua resposta de acordo com o verbo escrito anteriormente no quadro (lousa), sem dar pistas muito claras...

Após perguntar a cinco pessoas, ele poderá arriscar a dizer o verbo escolhido pelos colegas. Ele terá também três chances para descobrir. Se errar, indicará um colega para substituí-lo, se acertar, ele continuará.

Além da possibilidade de trabalhar os VERBOS, a atividade desenvolve o espírito de atenção e de observação, e honestidade nas respostas dos colegas.

18. Carimbó

Formação: de pé, em círculo ou em roda, girando.

Desenvolvimento: o catequista ensina a letra, a melodia da música e a seguir sugere os passos. Aí ele grita: dois a dois, três a três, ou quatro a quatro etc. e assim os participantes vão se agrupando, conforme a voz de comando, voltando a cantar logo em seguida.

Variáveis: (para se agruparem) cor dos sapatos, altura, estilo de roupa, idade, moradores do mesmo bairro, primeira letra do nome etc.

A canção: Dona Maria, que dança é esta
Que a gente dança só.
Dona Maria, que dança é esta
É carimbó, é carimbó. (bis)
Braços pra cima, braços pra baixo

Agora já sei como é que é
Só falta bater as mãos
Batendo também os pés.
Pode-se fazer o mesmo com a canção "Eu Te Amo, Meu Brasil" ou qualquer outra canção de nosso cancioneiro, tanto religioso como popular...
A atividade promove a socialização, forma grupos e desperta a atenção...

19. Boca de forno

Formação: os participantes estarão de pé, em torno do catequista.

Desenvolvimento: o catequista, com voz forte e firme, diz: "Boca de forno", e todos respondem: "Forno!"

"Jacarandá!", e eles respondem: "dá!"

"Tudo que eu pedir a vocês para fazerem vocês farão?", ao que responderão: "Faremos!" O catequista, então, indicará tarefas que os catequizandos deverão fazer. Exemplo: ir à secretaria paroquial e conversar com a secretária, ou com o padre, ou contar quantas mesas ou cadeiras existam por ali, contar vasos de flores na igreja, ou os bancos da igreja etc.

Uma boa atividade para exploração do ambiente.

20. Gente, eu vi!

Material: três caixas de sapatos numeradas. A caixa 1 com os nomes dos participantes, a caixa dois com lugares e a caixa de número três o que estava fazendo (ação).

Formação: os participantes estarão sentados em seus lugares no local do encontro. E três colaboradores, cada um com uma caixa de sapatos nas mãos, diante dos participantes.

Desenvolvimento: cada participante escreverá seu nome e colocará na caixa de número 1. O procedimento a seguir é: tira-se um nome (caixa 1), em seguida uma ficha da caixa 2 e em seguida outra ficha da caixa 3. Isso se faz depois de dizer "Gente, eu vi!". Assim pois vamos para o exemplo: gente, eu vi! a Maria (nome tirado da caixa 1), no banheiro (caixa 2), tomando café (caixa 3). É claro que é sorteio de fichas e nomes, mas sempre na ordem assinalada acima.

Sugestões para as fichas da caixa 2:

Banheiro, pátio, secretaria, salão, escada, lanchonete, campo, porta, rua, clube, piscina, rio, igreja, cinema, sanitário, biblioteca, hospital, esquina, lagoa, ônibus, fazenda, porteira, mergulhão, chiqueiro, táxi, delegacia, praia, quarto, jardim, cozinha, viaduto, padaria, escola, farmácia, açougue etc.

Sugestões para as fichas da caixa 3:

Tomando café, chorando, tomando banho, dormindo, comendo, dançando, namorando, comprando, esperando, levando, rezando, arrumando o cabelo, lendo, nadando, cantando, conversando, trabalhando, andando, limpando, acampando, capinando, latindo, miando, plantando, colhendo ovos, sorrindo, gargalhando etc.

Evidentemente, as listas podem e devem ser completadas com aquelas coisas próprias ou relativas à catequese.

A atividade em questão é muito boa para a **quebra de tensão,** para a criatividade e o bom entrosamento do grupo, fixação dos nomes dos colegas etc.

CONSIDERAÇÕES FINAIS

Partimos da premissa de que o jogo organizado é capaz de provocar mudanças no caráter daqueles que o praticam. De onde vem essa força da recreação e dos jogos?

Da imitação: crianças e adolescentes têm a tendência à imitação; daí que o **exemplo** de todos aqueles que pela idade, posição ou qualquer outro motivo despertem o interesse deles é muito importante. É aquela velha questão do poder do meio ambiente: se o meio influencia sua conduta moral, o grupo de jogo igualmente tem seu peso, provavelmente bem mais do que a própria escola.

Da sugestão: todos nós, uns mais outros menos, somos influenciáveis por comentários ou ideias dos que convivem conosco. Crianças, adolescentes e jovens também são, de uma maneira mais intensa, sensíveis ao que podemos chamar de sugestão, que brota, direta ou indiretamente do jogo. Isso implanta-se em seu espírito.

O prestígio e a estima que a criança dedica ao catequista colocam-no em posição de exercer uma influência considerável sobre os catequizandos, armando-o com armas poderosas da sugestão; é o que acontece no momento do jogo. Devemos estar preparados para, aproveitando nossa posição privilegiada, influenciar de maneira positiva nossos catequizandos no decorrer das atividades recreativas.

Da instrução: sabemos que nosso catequizando assimilará valores éticos e morais pelo **jogo**; essa instrução ocorrerá no decorrer do jogo e em seu contexto. Eis o caminho para instruir as crianças nos caminhos do **dever moral e religioso**; aliás, é isso que se propõe tanto a família, quanto a escola e a catequese paroquial.

Do incentivo e do elogio (reforço): sempre elogiando as boas iniciativas e desaprovando o que não é bom ou é negativo. Assim vamos mostrando para nossos catequizandos os caminhos realmente humanos e cristãos para a construção de uma nova sociedade.

Da lei do interesse (motivação): é preciso que a criança **queira**, tenha interesse pelo hábito ou atitude moral. Não será obrigada ou pressionada, nem pela autoridade, nem pela disciplina rígida, nem por estímulos artificiais ou extrínsecos.

Da lei do exercício: Uma vez despertado o interesse, agirá de acordo com o que é direito, vai aprendendo a cumprir o dever. Adotará, assim, um comportamento aceitável ou condizente com o que se quer alcançar não porque os pais, catequistas ou professores estão observando ou fiscalizando e controlando **mas porque ela quer fazer tudo direito, ela quer jogar direito, quer se comportar direito.**

Da lei do efeito: além de fazer direito, a criança o faz com prazer! No jogo o catequista se esforçará e proverá por todos os meios que a criança sinta prazer e alegria em praticar boas ações (ações de valor moral). E recordemos mais uma vez: a conduta da criança será orientada pelo jogo e não por ensinamentos ou debates de caso...

Há necessidade de um conhecimento melhor e pessoal de Jesus e de sua missão. Esse conhecimento não é informação, mas deve ser traduzido numa experiência íntima e mobilizadora, num encontro que dê sentido à vida das pessoas. Cada comunidade eclesial deve ser um espaço propício a esse encontro, um lugar onde as pessoas experimentem o amor de Jesus em ação. Para isso é preciso renovar o entusiasmo para ampliar e qualificar a ação missionária da Igreja, à medida que cada um assumir como prioritária a ajuda a outros, para que se aproximem de seu Senhor. E assim, com audácia profética, enfrentar as três grandes metas da evangelização: Promoção da dignidade da pessoa, renovação da comunidade, a partir da família, e participação na construção de uma sociedade justa e solidária.

(Documentos da CNBB, 72. Projeto nacional de evangelização, 2004-2007)

BIBLIOGRAFIA

Catecismo da Igreja Católica
Estudos da CNBB:
– Formação de catequistas, 59
– Catequese para um mundo em mudança, 73
– O hoje de Deus em nosso chão, 78
Documentos da CNBB, 72. Projeto nacional de evangelização (2004-2007).

BRINI, William Alves
Moderno Curso de Catequese:
Eu quero conhecer Jesus – catequese para pré-eucaristia
Meu Encontro com Jesus – catequese para Primeira Eucaristia
Meu caminho com Jesus I – catequese de perseverança ou pré-crisma
Meu caminho com Jesus II – catequese de Crisma
Planeta Coração – manual de formação de Catequistas
O Recado Editora Ltda — Rua Antônio das Chagas, 77 — CEP 04714-000 – São Paulo-SP — Telefone (11) 5181-4242.

BRINI, William Alves e VIEIRA, Maria Aparecida
Jesus é 10! — Volumes 1 e 2 – para catequese de Primeira Eucaristia. Editora Santuário — Rua Pe. Claro Monteiro, 342 — CEP 12570-000 – Aparecida-SP – Telefone: (12) 3104-2000.

BRINI, William Alves
Não é brincadeira! (Jogos e atividades recreativas na catequese). O Recado Editora – São Paulo-SP.

MIRANDA, Nicanor
210 jogos infantis – 1992. Editora Itatiaia Ltda. – Belo Horizonte-MG.

MACGREGOR, Cynthia – Tradução de Regina Drummond
50 *Jogos não-competitivos para crianças.* Editora Madras Ltda. — Rua Paulo Gonçalves, 88 – Santana – CEP 02403-020 São Paulo-SP — Telefone: (11) 6959-1127.

PARA SUAS ANOTAÇÕES PESSOAIS E PESQUISA...

PARA SUAS ANOTAÇÕES PESSOAIS E PESQUISA...

PARA SUAS ANOTAÇÕES PESSOAIS E PESQUISA...

PARA SUAS ANOTAÇÕES PESSOAIS E PESQUISA...

PARA SUAS ANOTAÇÕES PESSOAIS E PESQUISA...

PARA SUAS ANOTAÇÕES PESSOAIS E PESQUISA...

Este livro foi composto com as famílias tipográficas Frutiger e Comic Sans MS
e impresso em papel Offset 75g/m² pela **Gráfica Santuário**